100个改革开放精彩瞬间

赵江林 侯波 ◎ 主编

中国社会科学出版社

图书在版编目（CIP）数据

100个改革开放精彩瞬间／赵江林，侯波主编．—北京：中国社会科学出版社，2021.10
ISBN 978-7-5203-8975-4

Ⅰ.①1… Ⅱ.①赵…②侯… Ⅲ.①改革开放—中国—文集 Ⅳ.①D61-53

中国版本图书馆 CIP 数据核字（2021）第 169644 号

出版人	赵剑英
责任编辑	喻　苗
责任校对	李　莉
责任印制	王　超

出　版	中国社会科学出版社
社　址	北京鼓楼西大街甲 158 号
邮　编	100720
网　址	http://www.csspw.cn
发行部	010-84083685
门市部	010-84029450
经　销	新华书店及其他书店

印　刷	北京明恒达印务有限公司
装　订	廊坊市广阳区广增装订厂
版　次	2021 年 10 月第 1 版
印　次	2021 年 10 月第 1 次印刷

开　本	880×1230　1/32
印　张	11.625
插　页	2
字　数	216 千字
定　价	48.00 元

凡购买中国社会科学出版社图书，如有质量问题请与本社营销中心联系调换
电话：010-84083683
版权所有　侵权必究

写在前面的话

改革开放是党在新的历史条件下领导人民进行的新的伟大革命，是决定当代中国命运的关键选择。改革开放让中国实现了从生产力相对落后的状况到经济总量跃居世界第二的历史性突破，实现了人民生活从温饱不足到总体小康、奔向全面小康的历史性跨越，为实现中华民族伟大复兴提供了充满新的活力的体制保证、物质基础和精神动力。中国特色社会主义之所以具有蓬勃生命力，就在于是实行改革开放的社会主义。习近平总书记在庆祝中国共产党成立100周年大会上的重要讲话中指出："中国共产党和中国人民以英勇顽强的奋斗向世界庄严宣告，改革开放是决定当代中国前途命运的关键一招，中国大踏步赶上了时代"。习近平总书记指出，"中国人民的面貌、社会主义中国的面貌、中国共产党的面貌能发生如此深刻的变化，我国能在国际社会赢得举足轻重的地位，靠的就是坚持不懈推进改革开放""没有改革开放，就没有中国的今天；离开改革开放，也没有中国的明天""在整个社会主义现代化进程中，我们都要高举改革开放的旗帜，决不能有丝毫动摇"。

南海潮涌，东方风来。春天的故事在希望的田野上铺展，故事里，有开放的特区敢为人先，有回归的港澳游子团圆，有新时代站起来、富起来到强起来的响彻河山，有千年梦想今朝实现的脱贫攻坚和建成全面小康，有坚持以人民为中心发展理念的铿锵脚步，有嫦娥探月、蛟龙深潜、大国重器的惊艳，有生态文明、绿色低碳的美丽中国画卷，有"一带一路"互通互联和推动构建人类命运共同体的阳光大道，有新阶段、新理念、新格局的"国之大者"，有江山就是人民、人民就是江山的追梦誓言，百年仍是少年，奋斗正青春。

发轫于党的十一届三中全会的改革开放，在40多年的探索中，坚持解放思想、实事求是，大胆地试、勇敢地改，干出了一片新天地。从实行家庭联产承包、支持乡镇企业迅速发展、取消农业税牧业税和特产税到农村承包地"三权"分置、实施乡村振兴战略、打赢脱贫攻坚战、开启迈向全面富裕之路，从兴办深圳等经济特区、沿海沿边沿江沿线和内陆中心城市对外开放到加入世界贸易组织、共建"一带一路"、设立自由贸易试验区、谋划中国特色自由贸易港、成功举办多届中国国际进口博览会，从"引进来"到"走出去"，从搞好国营大中小企业、发展个体私营经济到深化国资国企改革、发展混合所有制经济，从单一公有制到公有制为主体、多种所有制经济共同发展和坚持"两个毫不动摇"，从传统的计划经济体制到前无古人的社会主义市场经济体制再到使市场在资源配置中起决定性作用和更好发挥政府作用，从以经济体制改革为主到全面深化经济、政治、文化、社会、生态文明体制和党的建设制度改革，党和国家机构改革、行政管理体制改革、依法治国体制改革、司法体制改革、外事体制改革、社会治理体制改革、生态环境督察体制改革、国家安全体制改革、国防和军队改革、党的领导和党的建设制度改革、纪检监察制度改革等一系列重大改革扎实推进，各项便民、惠民、利民举措持续实施，使改革开放成为当代中国最显著的特征、最壮丽的气象。

改革开放40多年的波澜壮阔历程，犹如一条汹涌澎湃、一往无前的大河，其全景已经展现在《改革开放简史》之中。近日，经党中央批准，由中央宣传部组织中国社会科学院编写的《改革开放简史》（以下简称《简史》），作为全党党史学习教育的重要参考资料、全社会开展"四史"宣传教育重要用书正式出版发行。《简史》以习近平新时代中国特色社会主义思想为指导，全面贯彻习近平总书记关于"四史"的重要论述，充分体现习近平总书记在庆祝改革开放40周年大会、在党史学习教育动员大会、中华人民共和国成立

70周年大会、庆祝中国共产党成立100周年大会等的重要讲话精神，以我们党关于历史问题的两个决议、党中央有关文件精神为依据，牢牢把握改革开放40多年的主题和主线、主流和本质，站在中华民族伟大复兴两个一百年的高度，站在历史和时代进步、党和国家未来发展的高度，以准确、系统、完整、生动、可读为写作原则，突出主题主线，注重夹叙夹议、史论结合，以严谨、流畅、受读者欢迎的精品读本为写作目标。力求准确、简明阐述我国改革开放40多年的壮阔实践史，深刻、辩证、重点概括40多年改革开放蕴涵的丰富治国理政智慧和历史经验。是一部系统阐述中国改革开放40多年伟大觉醒、伟大创造、伟大革命、伟大飞跃的简明读本，是一部体现改革开放理论研究最新成果和填补改革开放历史研究空白的信史。

为便于青少年读者更好理解40多年改革开放的砥砺奋进史，增强对新时代新阶段全面深化改革和高质量对外开放的宏伟蓝图的信心，赵江林教授、侯波研究员在中国社会科学出版社赵剑英社长、王茵副总编和智库成果出版中心常务副主任喻苗的支持下，组织一批80后，从年轻人的角度，选取了改革开放历程中的100个精彩瞬间，汇集成册，编印出版，以其与广大青少年分享他们对改革开放史的理解与感受。

这是一项很有意义的工作。从浩瀚的大河中撷取朵朵浪花，从如画风景中摄取缕缕生机，从厚重如山的改革开放历史中摘取催人奋进的故事,这将有助于青少年读者窥一斑而见全豹,进一步拉近与改革开放宏大历史的距离,是对改革开放历史的通俗化普及,不失为讲好改革开放故事的一种尝试和探索。

以上赘言,向为改革开放做出贡献者和亲历者致敬,向作者致谢,向读者致礼。

王灵桂

中国社会科学院国家高端智库副理事长

2021 年 9 月 17 日

目 录

1　恢复高考：迎来科学的春天…………………………（1）
2　让世界赞誉的"陈氏定理"…………………………（4）
3　真理标准问题大讨论…………………………………（8）
4　伟大的转折：党的十一届三中全会…………………（12）
5　小岗村18位农民摁下"红手印"……………………（16）
6　新中国首位农村"万元户"的诞生…………………（20）
7　打破"铁饭碗"的"清远经验"……………………（23）
8　新中国首位个体工商户的诞生………………………（27）
9　"傻子瓜子"：被小平同志三次提起的改革符号…（31）
10　"一国两制"构想的提出……………………………（35）
11　改变中国改变世界的九天……………………………（38）
12　中国国家领导人首次访日……………………………（42）
13　新中国派出第一个政府经济代表团…………………（46）

14	深圳蛇口打响改革开放"开山炮"	(50)
15	中外合资"天字第一号"企业诞生	(54)
16	邓小平首提"小康"目标	(57)
17	第一家乡镇企业的诞生	(61)
18	国营企业试行"利改税"	(65)
19	改革开放第一股	(69)
20	"和平与发展是当今世界两大问题"	(73)
21	百万大裁军	(76)
22	星火计划	(79)
23	创办经济特区	(82)
24	香港回家了	(86)
25	澳门回家了	(90)
26	达成"九二共识"	(93)
27	浦东大开发	(96)
28	清理"三角债"	(99)
29	邓小平南方谈话	(102)
30	第十一届亚运会	(105)
31	上海证券交易所成立	(108)
32	实行分税制改革	(112)
33	三年脱困目标初步实现	(116)
34	神舟飞天,千年圆梦	(120)

35	西部大开发战略	（124）
36	博鳌亚洲论坛：第一个永久会址在中国	（129）
37	南水北调：中华民族的世纪创举	（133）
38	结束千年农业税	（137）
39	"成渝实验"：城乡一体化的跨越	（140）
40	奥运会来到中国	（143）
41	孔子学院："走出去"的中国声音	（147）
42	惠民八亿的新农合制度	（150）
43	上海合作组织：为世界和平发展持续注入正能量	（154）
44	夺取防治非典工作重大胜利	（158）
45	CEPA签署：港澳与内地合作进入新阶段	（162）
46	中国首个北极科考站落成	（165）
47	农民工人大代表亮相	（168）
48	通过《反分裂国家法》	（172）
49	北京儿艺的故事	（175）
50	夺取汶川抗震救灾斗争的重大胜利	（179）
51	国共两党领导人60年来首次会谈	（183）
52	推行营养餐计划	（186）
53	中国海军首次亚丁湾护航	（189）
54	"金砖国家"合作机制：为发展中国家代言	（192）

55	海南经济特区：打造中国"最开放的天空"	（196）
56	中国—东盟自贸区建成	（200）
57	2010年上海世界博览会	（204）
58	辽宁舰与山东舰入列	（207）
59	人类命运共同体的提出	（210）
60	上海自由贸易试验区成立	（213）
61	钢铁驼队：中欧班列	（216）
62	墨脱：最后一个通公路的县城	（219）
63	"嫦娥三号"着陆月球	（222）
64	"沪港通"正式启动	（225）
65	十八洞村精准脱贫	（228）
66	引领中国新速度的"复兴号"列车	（231）
67	打开共享机遇大门的亚投行	（235）
68	千年大计：雄安新区	（239）
69	粤港澳大湾区	（243）
70	世界上首个国际进口博览会	（247）
71	亚洲文明对话大会：开创文明对话新机制	（251）
72	"不忘初心、牢记使命"	（254）
73	"禾下乘凉梦"，一梦逐一生	（258）
74	中华人民共和国首部法典问世	（262）
75	"天问"启航：探火梦想迈出关键一步	（265）

76	"可下五洋捉鳖"	（268）
77	筑梦天宫：中国航天进入空间站时代	（272）
78	城乡养老迈向一体化	（275）
79	"新古田会议"精神	（278）
80	走中国特色强军之路	（282）
81	中华民族伟大复兴中国梦	（286）
82	《习近平谈治国理政》：世界读懂中国的宝典	（290）
83	"八项规定"带来新气象	（293）
84	全民健康托起全面小康	（297）
85	开创国家高端智库建设新格局	（301）
86	坚决打赢反腐败这场正义之战	（305）
87	谱写美国中国新篇章	（309）
88	中白工业园："一带一路"上的产业明星	（313）
89	"一带一路"：从"大写意"到"工笔画"	（317）
90	新时代对台工作的纲领性文献	（321）
91	火神山、雷神山医院见证新时代中国抗疫精神	（324）
92	RCEP签署：全球最大自由贸易区诞生	（327）
93	全面实施乡村振兴战略	（331）
94	香港国安法让东方之珠更灿烂	（334）
95	改革开放40年，创造人类新奇迹	（337）

96 新中国喜迎70华诞	（341）
97 中国建成全球最大5G网络	（345）
98 "十四五"规划擘画第二个百年奋斗蓝图	（349）
99 全面建成小康社会	（353）
100 中国共产党成立100周年	（356）

1

恢复高考：迎来科学的春天

时针倒转至 1977 年的中国，中断 11 年的高考重新恢复，570 万考生从农村、工厂、部队走进考场，推开希望之门。个人和国家的命运，在这里交汇和转折。高考之门，是如何被重新推开的？

1966 年到 1971 年，各类高校停止招生。1972 年到 1976 年，大学采取"自愿报名，群众推荐，领导批准，学校复审"的办法招收工农兵学员，教育质量严重滑坡，国家建设所需的各种专门人才青黄不接。

1977 年 8 月 4 日，邓小平主持召开科学和教育工作座谈会。在会上，清华大学党委负责人忧虑地说，现在清华新生文化素质太差，许多学生只有小学水平，还得补习中学课程。邓小平插话道："那就干脆叫'清华中学''清华小学'，还叫什么大学！"邓小平短短的几句话，令与会人员大受震动。

随后，武汉大学化学系副教授查全性发言，提出必须立即改进大学招生办法。他抨击了现行招生制度的四个严重弊病：一是埋没人才，大批热爱科学、有培养前途的青年选不上来；二是卡了工农子弟，一些人不是靠考分，而是靠"权"上大学；三是坏了社会风气，助长不正之风；四是严重影响学生和教师的积极性。他呼吁："从今年开始就改进招生办法。一定要当机立断，今年能办的就不要拖到明年去办。"查全性的发言引起与会者强烈共鸣，著名科学家吴文俊、王大珩等纷纷发言表示赞同，并建议党中央、国务院下大决心对现行招生制度来一个大改革，宁可当年招生晚两个月。

其实，就在这次会议召开前夕，教育部全国高等院校招生工作会议刚刚结束。邓小平最初的设想是，1977年用一年时间准备，1978年正式恢复高考。然而，会议上专家们的意见使邓小平改变了决定。他当场拍板说："今年就要下决心恢复从高中毕业生中直接招考学生，不要再搞群众推荐。从高中直接招生。"会场响起热烈掌声。1977年10月12日，国务院批转了教育部根据邓小平指示制定的《关于1977年高等学校招生工作的意见》，规定废除推荐制度，恢复文化考试，择优录取。1977年10月21日，《人民日报》刊发题为《高等学校招生进行重大改革》的消息，标志着中断11年的高考制度正式恢复。

"春分刚刚过去，清明即将到来。'日出江花红胜火，春来江水绿如蓝'。这是革命的春天，这是人民的春天，这是科学的春天！"在1978年3月31日全国科学大会闭幕式上，中央人民广播电台著名播音员代读了中国科学院院长郭沫若的这篇讲话《科学的春天》。这篇讲话成为对这次大会最诗意的表述。

1978年3月18日，全国科学大会在北京召开，邓小平作了重要讲话，提出"科学技术是生产力""知识分子是工人阶级的一部分""四个现代化的关键是科学技术的现代化"等划时代论断，他强调："正确认识科学技术是生产力，正确认识为社会主义服务的脑力劳动者是劳动人民的一部分，这对于迅速发展我们的科学事业有极其密切的关系。"全国科学大会澄清了长期束缚科学技术发展的重大理论是非问题，打开了长期禁锢知识分子的桎梏，掀开了中国科技工作历史上新的一页。

邓小平的讲话犹如春风吹过，与会科学家们欢欣鼓舞，一些七八十岁的老科学家深受触动，激动地流下了眼泪。近6000名科技界代表见证了中华民族从此走上科技兴国道路的历史，也迎来了自己人生的转折点，大家感到精神上的彻底解放。那一年的3月，北京护城河的冰已经解冻，柳枝吐出了嫩芽，到处生机勃勃，一片生机盎然……它们印证了郭沫若的预言："我们民族历史上最灿烂的科学的春天到来了！""让我们张开双臂，热烈地拥抱这个春天吧！"

2

让世界赞誉的"陈氏定理"

2018年的庆祝改革开放40周年大会上,数学家陈景润被授予"改革先锋"荣誉称号。20世纪60至70年代,蜗居于6平方米小屋的陈景润,借着一盏昏暗的煤油灯,伏在床板上,用一支笔,耗去了几麻袋的草稿纸,攻克了世界著名的数学难题"哥德巴赫猜想"。陈景润的先进事迹和奋斗精神,激励着一代代青年发愤图强,勇攀科学高峰。

什么是"哥德巴赫猜想"呢? 1742年,德国数学家哥德巴赫给大数学家欧拉写了一封信,他在信中提出了两大猜想,一个猜想是,任何一个大于2的偶数,都是2个素数之和;第二个猜想是,任何一个大于5的奇数,都是3个素数之和。欧拉给哥德巴赫回信说,他相信两个猜想是对的,但是,他不能证明。

2　让世界赞誉的"陈氏定理"

18 世纪、19 世纪的许多数学家研究过"哥德巴赫猜想",但都没能作出证明,以至到了 1900 年,德国数学家希尔伯特在第二届国际数学家大会的著名演说中,把"哥德巴赫猜想"作为 19 世纪最重要的未能解决的数学难题之一,留给 20 世纪的数学家们解决。然而,要证明"哥德巴赫猜想"是很艰难的,1921 年在英国剑桥大学召开的国际数学家大会上,德国数学家朗道十分无奈地说:用现今的数学方法,要证明"哥德巴赫猜想",是力不可及的。

"哥德巴赫猜想"这一 200 多年悬而未决的世界级数学难题,成为陈景润一生为之呕心沥血、始终不渝的奋斗目标。一个关于他忘我钻研数学问题的故事广为流传:陈景润边走路边思考,有一次他碰到了路旁的大树,连忙道歉,可对方并没有反应,他仔细一看,才知道自己碰到的是一棵白杨树。1973 年,陈景润发表了"1+2"详细证明,在国际数学界引起轰动,被公认为是对"哥德巴赫猜想"研究的重大贡献,是筛法理论的光辉顶点。有数学家给他写信:"你移动了群山。"他的研究成果,国际数学界称为"陈氏定理",至今仍在"哥德巴赫猜想"研究中保持世界领先水平。

1978 年 1 月出版的第一期《人民文学》杂志,发表了作家徐迟先生的报告文学《哥德巴赫猜想》,其文是以散文诗的文笔体式,记述了青年数学家陈景润的科研历程。在艰难困苦的逆境之下，陈景润以中国人的身份第一个在全世界证明出了"1+2"的数值结果，成为国际数学史上的丰碑。文章一经问世，在幅员辽阔的中国大地上，立即引起了极其热烈的反响，如旋风般震撼着人们的心灵。各地报纸、广播电台纷纷全文转载和连续广播，全国各地各界的读者中，喜欢和不喜欢文学的，都找来一遍又一遍地阅读，有的人甚至能够背诵出来。《哥德巴赫猜想》报告文学打破了当时的社会沉闷，使中国人民看到，十年"文化大革命"外，世界上还有另外一种精神生活，陈景润作为英雄一扫"臭老九"灰溜溜的卑琐形象，又以忠厚老实的澄洁面孔感动了无数中国人。

一石激起千层浪，陈景润攻克"哥德巴赫猜想"的消息很快传播到世界各地。1979年初，陈景润应美国新泽西州普林斯顿高等研究院院长沃尔夫博士的盛情邀请出访美国。那里丰富的数学研究资料和信息，使精通英语的陈景润犹如进入神话中的"太阳岛"，他没有去任何地方游玩，整天泡在书房、办公室、图书馆。为了节省时间，陈景润买了一大桶牛奶、整箱面条和鸡蛋。他每天的伙食就是：牛奶煮面条加鸡蛋。四个月之后，陈景润飞回北京。面对到机场采访的中外记者，陈景润宣布：把在美国做研究工作节省下来的7500美元，全部捐献给国家。陈景润是认真的，回到中国科学院数学所，他就把一本存折交给了单位。钱以活期形式存在美国的花旗银行，随时可以取用。7500美元，在当时可不是一个小数目，它是陈景润靠吃面条节省下来的！它凝聚着陈景润的一腔心血，更凝聚着陈景润对祖国的赤子情怀。

（本文改编自《中国科学院数学所原研究员陈景润——力摘数论皇冠上的明珠》、新华社《陈景润：激励青年勇攀科学高峰的典范》等报道）

3

真理标准问题大讨论

"思想走在行动之前,就像闪电走在雷鸣之前一样。"真理标准问题大讨论正是这样一场思想的闪电,回应了时代的呼声,抓住了社会变革的脉搏,是行动的先声,是社会变革的先导,吹响了前进的号角。真理标准问题大讨论既体现了现实社会发展对科学思想的急切呼唤,也凸显了以改变世界为宗旨的马克思主义的真理品格和实践特质。

1978年5月10日,中央党校内部刊物《理论动态》第60期刊登了由南京大学教师胡福明起草和多位理论工作者反复修改而写成的《实践是检验真理的唯一标准》一文。5月11日,《光明日报》以特约评论员的名义公开发表,新华社全文转发。随后,《人民日报》及全国绝大多数省、自治区、直辖市报纸也都陆续转载。

事实上，虽然《实践是检验真理的唯一标准》一文阐述的是马克思主义基本原理，但由于它与"两个凡是"尖锐对立，并且触及思想僵化和个人崇拜等问题，因此受到一些领导人的不理解、不支持甚至强烈谴责。真理标准问题讨论面临巨大压力。在关键时刻，邓小平给予了坚决有力的支持。6月2日，他在全军政治工作会议上批评了"两个凡是"的观点，强调马列主义、毛泽东思想的基本原则，我们任何时候都不能违背；但是一定要实事求是，从实际出发，理论和实践相结合。邓小平还特别指出："我们讲实事求是，讲新的发展时期，讲新的历史条件，就要讲破和立。破，在当前和今后一个时期就是要深入揭批'四人帮'，要联系揭批林彪，肃清他们的流毒和影响。立，就是要完整地准确地掌握毛泽东思想体系，在新的历史条件下，恢复和发扬我党我军的优良传统和作风。"

随着真理标准问题讨论的不断展开和深入，邓小平对一些给这场讨论制造障碍的人进行了批评。7月21日，邓小平对中宣部负责同志说：不要再下禁令、设禁区了，不要再把刚刚开始的生动活泼的政治局面向后拉。8月19日，邓小平又在讲话中说：我说过《实践是检验真理的唯一标准》这篇文章是马克思主义的，是驳不倒的，我是同意这篇文章的观点的，但有人反对，说是反毛主席的，帽子可大啦。9月16日，邓小平在听取吉林省委汇报时指出，"两个凡是"不是高举毛泽东思想的旗帜,而是损害。11月11日,邓小平通过对谭震林的《井冈山斗争的实践与毛泽东思想的发展》一文的批示,严肃地批评了《红旗》杂志对真理标准问题讨论的消极态度。他指出,《红旗》杂志为什么不卷入?可以发表不同观点的文章,看来不卷入本身可能就是卷入。

邓小平的支持,有力地推动了真理标准问题讨论在全国的展开和深入。到1978年下半年,真理标准问题讨论逐渐进入高潮。从7月开始,各省的省委书记和省长、中国人民解放军各大军区的主要负责人纷纷表明对真理标准问题的态度,使真理标准问题讨论很快就越出了理论界的范围,影响到当时的实际工作。在这次大讨论中,不但党政军领导干部和广大理论工作者积极参与,而且自然科学界许多学者也通过座谈会或撰写文章,用自然科学史上大量事例和自身经验,说明科学原理是通过实践不断检验才最后确立起来的。

真理标准问题的大讨论,从马克思主义的基本原理阐发出解放思想的合理性和政治正确性,突破了"两个凡是"的禁区,打碎了个人崇拜的精神枷锁,使长期以来禁锢人们思想的僵化局面被解放出来,对提高全党、全国人民的思想水平和识别问题的能力起了重要的促进作用。通过讨论,成功批判了危害多年的极"左"思潮,开启了理论创新与实践检验的良性互动,培育出了破除积弊的思想魄力,强有力地推动了中国由传统型社会向现代型社会演进,为顺利地实现党和国家工作重点的转移创造了前提条件,从而为实现伟大的历史性转折,开辟有中国特色社会主义道路从思想上做了必要准备。

(本文摘编自《新中国 70 年》,当代中国出版社 2019 年版)

4

伟大的转折：
党的十一届三中全会

习近平在庆祝改革开放40周年大会上强调："1978年12月18日，在中华民族历史上，在中国共产党历史上，在中华人民共和国历史上，都必将是载入史册的重要日子。这一天，我们党召开十一届三中全会，实现中华人民共和国成立以来党的历史上具有深远意义的伟大转折，开启了改革开放和社会主义现代化的伟大征程。"

党的十一届三中全会是在党和国家面临何去何从的重大历史关头召开的。"如果现在再不实行改革，我们的现代化事业和社会主义事业就会被葬送。"邓小平的话振聋发聩。1978年11月10日，中央工作会议召开。原本计划开20天的会议，却因为讨论热烈、发言积极，一直到12月15日才结束，足足开了36天。12月13日，邓小平在中央工作会议闭幕会上作了题为《解放思想，实事求是，团结一致向前看》的重要讲话，指出，首先是解放思想。只有思想解放了，我们才能正确地以马列主义、毛泽东思想为指导，解决过去遗留的问题，解决新出现的一系列问题。这个重要讲话实际上成为十一届三中全会的主题报告。

走进位于北京市海淀区的京西宾馆会议楼三层第一会议室，主席台后方的墙壁上，"自力更生""艰苦奋斗"八个大字遒劲醒目，室内陈设仍保持着十一届三中全会召开时的原样。1978年12月18日至22日，党的十一届三中全会在这里召开。出席会议的中央委员169人、候补中央委员112人。这次会议虽然只有5天时间，但由于前期的中央工作会议为十一届三中全会的召开打牢了基础，工作准备充分，指导思想明确，会议取得重大成果。

12月22日晚上，十一届三中全会举行闭幕大会。大会通过关于增补中央委员、中央政治局委员、中央政治局常委和副主席，全会讨论了加快农业生产问题和1979年、1980年两年国民经济计划的安排，通过《中国共产党第十一届中央委员会第三次全体会议公报》。公报明确表示："把全党工作的着重点和全国人民的注意力转移到社会主义现代化建设上来""在自力更生的基础上积极发展同世界各国平等互利的经济合作""根据党的历史的经验教训，全会决定健全党的民主集中制，健全党规党法，严肃党纪"。

党的十一届三中全会冲破长期"左"的错误的严重束缚，批评"两个凡是"的错误方针，充分肯定必须完整、准确地掌握毛泽东思想的科学体系，高度评价关于真理标准问题的讨论，果断结束"以阶级斗争为纲"，重新确立马克思主义的思想路线、政治路线、组织路线。从此，我国改革开放拉开了大幕。

"二十三日晚上，广播公报的声音响彻家家户户；今天，刊载公报的报纸在街头迅速销售一空。"1978年12月25日的《人民日报》，记录下干部群众欢欣鼓舞的场面。

"一九七八年十二月召开的十一届三中全会，是建国以来我党历史上具有深远意义的伟大转折。"1981年6月，党的十一届六中全会通过的《关于建国以来党的若干历史问题的决议》，对这次会议的重要成果及历史意义作出了明确的阐释。党的十一届三中全会作出了把党和国家工作中心转移到经济建设上来、实行改革开放的历史性决策。正是靠着改革开放，不断打破束缚思想的桎梏、扫除阻碍发展的藩篱，我们成功开启了新的壮阔征程，开创了新的前进道路，开辟了新的发展空间，古老而又年轻的社会主义中国走向充满希望、充满生机的新天地。

党的十一届三中全会的重大意义，随着时间的推移愈益彰显，经历实践的检验愈益深远……这一伟大历史转折，将历久弥珍、历久弥新！40多年后的今天，人们回望那段激荡人心的历史，更知决策的伟大、更感意义的非凡。

（本文改编自《人民日报》刊载的《实现伟大转折 开启伟大征程（辉煌历程）》）

5

小岗村18位农民摁下"红手印"

春风拂面,麦浪滚滚。2016年4月25日,习近平一行来到安徽省滁州市凤阳县小岗村,下麦田、进农家。他来到"当年农家"院落,了解当年18位村民摁下红手印,签订大包干契约的情景。总书记感慨道:"当年贴着身家性命干的事,变成中国改革的一声惊雷,成为中国改革的标志。"总书记的到来,令小岗村村民激动万分。习近平走进吴广利和当年大包干带头人严金昌两户人家,询问家庭成员就业、上学情况,了解他们用临街房屋开办小超市和农家乐的状况。得知游客很多,总书记说:"好!农家乐,乐农家。"今昔对比,习近平说,改革开放30多年,真是发生了翻天覆地的变化。小岗梦也是广大农民的梦。

"大包干,大包干,直来直去不拐弯,保证国家的,留够集体的，剩下的都是自己的。"在安徽凤阳小岗村大包干纪念馆里，这首1979年开始在当地传唱的《大包干歌》，在不停地滚动播放着。歌的源起，是被称为"中国改革第一村"的凤阳县小溪河镇小岗村。所谓"大包干"，是指大包干到户，即农户承包集体的基本生产资料（主要是土地）自主经营，包交国家和集体应得的各项费款，其余产品或收入归承包户所有。

凤阳县靠近淮河。淮河从河南桐柏山汹涌而下，进入安徽皖北地区就长期滞留，无雨则旱，一雨成灾。据统计，1956年至1978年间，凤阳县共向国家交售粮食9.6亿多斤，而国家返销凤阳县的粮食达13.4亿多斤。凤阳县成为"吃粮靠回销、花钱靠救济、生产靠贷款"的"三靠县"，其中小岗生产队则是远近闻名的"三靠村"，每年秋后，家家户户都要背起花鼓去讨饭，外出乞讨人员遍及大半个中国。

穷思变，变则通。1978年冬夜，小岗生产队18位农民托孤求生、立誓为盟："我们分田单干，每户户主签字盖章，如以后能干，每户保证每户的全年上交和公粮，不再向国家伸手要钱要粮。如不成，我们干部坐牢杀头也甘心，大家社员也保证把我们的小孩养活到18岁。"用"大包干"带头人、小岗生产队副队长严宏昌的话来说，"当年按'红手印'搞大包干，就是想能吃上一顿饱饭"。此后，小岗人在各自承包的土地上耕作，"大包干"成为改革开放的一声春雷，冲破思想桎梏，唤醒沉睡的大地……小岗生产队尝到了久违的丰收味道，拉开了中国农村改革的时代大幕。

束缚生产力的生产关系一经变革，很快就唤醒了沉睡的大地。这让"大包干"带头人之一的严俊昌感到，生产队长比以前好干了，"每天天不亮，家家户户就下地干活了，不用操一户的心"。实行大包干后的第一年（1979年），全队粮食总产量达13.3万斤，相当于1955年至1970年粮食产量的总和，一举结束20余年吃国家救济粮的历史，首次归还国家贷款800元；人均收入350元，为1978年的18倍。

把选择权交给农民，由农民自己决定而不是代替农民选择——尽管曾经有过激烈的争论，但这一理念一直被秉承，并驱动了中国农村更大范围的改革。1980年1月24日，时任中共安徽省委第一书记万里到小岗，看到"大包干"带来的巨大变化，给予肯定与支持。此后"大包干"到户在凤阳乃至全省普及开来。至1984年，"大包干"经营新体制正式定名为"家庭联产承包责任制"，在全国普及推行，广大农村焕发出勃勃生机。全国569万个生产队中99%以上都实行了家庭联产承包责任制，人均粮食拥有量达到800斤，基本解决温饱问题。

"大包干"实施短短几年后，凤阳花鼓唱出新歌："唱过去，泥巴门，泥巴床，泥巴囤里没有粮，一日三餐喝稀汤；

唱现在,住瓦房,吃细粮,电视沙发西式床,还有余钱存银行。"小岗人的这一首创,为中国农村改革迈出第一步,并在随后"农村包围城市",成为整个中国改革的一个起点。

(本文改编自《人民日报》刊载的《"大包干"又到"大集体"——小岗村记》)

6

新中国首位农村"万元户"的诞生

十一届三中全会以后,改革开放的春风带来一场巨大变革,人们对致富重燃希望。那个时候,最流行的词是"万元户",它也是许多农民羡慕的称谓。"万元户",顾名思义,就是收入达万元的户,或是家庭拥有万元积蓄的户,是先富起来的代名词。

改革开放初期的中国,经济还没有迎来高速发展,人们的生活条件也没有得到改善,依旧十分艰苦。为了进一步推动国内的经济发展,国家开始鼓励人们创业。尽管如此,大部分国人依旧处于迷茫当中,不知道怎样才能够让自己富裕起来。黄新文作为一个普通的农民最擅长的就是养猪,为了扩大自己的优势,用贷款买下了25头猪,其中就包括12只猪崽、6只种猪以及1头母猪。通过近半年的精心喂养,这些猪长得飞快，达到了150斤。除了养猪以外，黄新文还承包了一些土地用于种植、养鸡等等。他的家人也主动分担生活的压力，个个吃苦耐劳，黄新文的母亲以及孩子一直以来也在积极地帮忙打理他的副业。截止到当年底黄新文家庭总收入已经达到了10700元，扣除掉一些基础的生活成本，纯收入近6000元，大大超过当地收入水平。

1979年2月19日，《人民日报》发表通讯《靠辛勤劳动过上富裕生活》，报道了广东省中山县小榄公社埒西大队第二生产队社员黄新文的事迹。黄新文成为全国第一个被主流媒体公开报道的农民"万元户"。该报道一经发出就引起了外界的轰动，黄新文不仅受到了当地人的尊敬，还成为全国几亿农民的榜样。为此他还经常到全国各地开会，向外界分享自己成功的经验。

随后的几年时间，"万元户"如雨后春笋般地在大江南北出现。1979年11月17日，新华社发表了记者李锦拍摄的一幅照片，报道了山东临清八岔路公社赵塔头村一队社员赵汝兰。当年赵汝兰一家种棉花纯收入达到10239元，赵汝兰成为山东首位见诸报端的"万元户"。这则摄影报道先后被国内外51家新闻媒体采用。1980年4月18日，新华社播发通讯《雁滩的春天》，报道了1979年末甘肃兰州雁滩公社滩尖子大队社员李德祥从队里分了一万元钱，社员们把他家叫作"万元户""村里的高干"。自此，"万元户"的叫法在全国范围内流行起来，成为 20 世纪 80 年代最受关注的词语之一。

在那个一斤粮食不到两角钱、国家工作人员月工资只有二三十元的年代，"万元户"的意义可见一斑。"万元户"不仅是衡量经济社会发展的指标，也是人们追求物质生活最直接、最明显的目标。它的出现得益于中国改革开放政策的实施。1979 年，邓小平提出"让一部分农民先富起来"的构想，为此，中央对农村政策作了较大调整，在农村推行农业承包责任制，一些农户靠个人或全家的埋头苦干，加上懂技术善经营，迅速成为农村致富尖子。"万元户"掀开了中国人致富的潮流。一些地方开始以"万元户"的多少来衡量当地的发展速度，出现了不少"万元户村""万元户乡镇"等。

"万元户"在实现自己致富的同时，对国家、对集体也做出了重要贡献。1984 年 11 月，全国农村专业户（也是"万元户"）座谈会在北京召开。到 20 世纪 80 年代中期，全国已有 2482 万个收入上万元的专业户了。并且，一些地区还出现了专业乡、专业村、专业市场、小的专业经济区等，生产范围遍及农、林、牧、副、渔、工、商、运输各个领域，使得农村生产商品属性越来越强。

（本文摘编自《人民日报》、新华网等报道）

7

打破"铁饭碗"的"清远经验"

改革开放之初,地处粤北山区的清远,交通不便、经济落后。随着党的十一届三中全会召开,清远积极响应中央号召,把工作重心转移到经济建设上来,并在1979年9月对财贸工作管理体制进行了四项改革:一是对公社财政实行增收分成和超收留成;二是把农村基层供销社下放给公社管理,实行超计划利润分成制;三是对商业企业实行超额利润提成奖;四是对粮食部门实行企业基金和减亏增盈提成奖。这一冲击体制束缚的创新做法被誉为"清远经验",吸引了全国各地众多考察团前来调研学习,而其在工业方面实行的"超计划利润提成奖"和由县经委直接管理工厂的做法也在全省得到推广。随着"清远经验"的深入推进,发展活力不断激发,处处孕育着盎然的生机。

时间追溯到1978年7月的一天，清远县氮肥厂人声鼎沸，一场全体员工讨论会正在热火朝天地进行。与以往"政治挂帅"不同的是，这一次讨论主题与工厂效益直接相关。工厂党委书记曾国华最先发言："来厂七八年，几乎年年亏损，今年时间过半，任务未过半，又会以亏损告终，心里有老'打败仗'的感觉，滋味难受。"曾国华的这段肺腑之言引起台下共鸣。"领导滋味难受，我们的苦日子也不好过，工资少得可怜，33元要养活一家人，还要上山打柴、下河捉鱼、落田摸螺，汗水泪水流在一起，有苦难言。"有员工说。

一场打破"铁饭碗"的改革悄悄在厂里试行：拿出5万元设立综合奖，和产量挂钩。随后，职工面貌焕然一新，一改"上班一条虫，下班打冲锋"的局面。尝到甜头的清远，顺势推广氮肥厂经验，在其他县办国营工厂推行"超计划利润提成奖"。接着，"超计划利润提成奖"在清远全县17家国营企业全面推广。1978年底，具有历史转折意义的第十一届三中全会在北京召开，做出了将党的工作重点转移到经济建设上来的决定。

十一届三中全会上，党中央认为："现在我国经济管理体制的一个严重缺点是权力过于集中，应该有领导地大胆下放，让地方和工农企业在国家统一计划的指导下有更多的经营管理自治权。"基于这一共识，为进一步增强企业活力，扩大企业自主权，清远县工业交通系统实施了第二次"大动

7 打破"铁饭碗"的"清远经验"

作"。1979年4月,清远县撤销县工业局等部门,由县经委直接管理国营工厂,县经委由行政机构变成既是组织生产的管理机构,又是相互独立的经济机构,全县国营工业企业的产、供、销、人、财、物管理被统一起来,由县经委管理。

这一年起,氮肥厂开始扭亏为盈,全年盈利55万元。显然,"超计划利润提成奖"的做法取得了极大的成效,但县领导却再三叮嘱企业"只做不说"。"因为过去我们搞了改革,后来都受到些冲击,受到些挫折,所以那时候我们先干,不作宣传,除了数字报表有上报,没有给地委汇报,因此开始几个月是闷着头干。"多年后,时任清远县委书记的陈国生说出了自己的顾虑。

"只做不说"的改革虽然低调,增长的财政数字却瞒不过人。1979年,清远全县工业产值增长12.2%,利润增长2.5倍,17家国营工业企业上缴利润增长1.8倍,是全省产值利润增长最高的一个县。虽然工业系统的同行大多对"清远经验"表示支持,但财政部门却持不同意见,要求清远县停止实行"超计划利润提成奖"。随后在全省工业交通增产节约会议分组讨论会上,关于"清远经验"的争论再次展开。时任广东省委第一书记的习仲勋在讲话中说:"一定要解放思想,省委、省革委有关文件的规定,如果实践证明不对,也可以经过一定的手续改过来,不要不敢越雷池一步……在工交战线,一定要补上实践是检验真理的唯一标准的讨论这一课……"会议最终决定,在全省各地县属工业企业推广清远"超计划利润提成奖"的办法。

"清远经验"实际上就是通过扩大企业自主经营权,进一步处理好国家、企业和职工三者关系的经验。企业完成任务后超计划的盈利,给企业和直接生产者留下一点实实在在的好处,使企业和职工都能从切身利益出发更加关心生产发展。这样就调动了企业和职工的积极性,企业经营亏损、管理落后的局面迅速得到改变。

(本文摘编自清远市人民政府网站相关内容)

8

新中国首位个体工商户的诞生

美国前驻华公使傅立民回忆，1979年夏天，他在北京街头买了一碗汤面，卖面的人说自己是"个体户"，这是他第一次听到这个词，那位个体户解释说："我自己就是单位。"这一幕让他感叹，"中国马上就要开始腾飞了"。街头小摊贩的一句话，折射出中国改革的密码。正是改革这"关键一招"，通过打破旧的体制机制，使生产力挣脱僵化的生产关系的束缚，释放出蕴藏于亿万人民的巨大活力。这也正是邓小平说的让中国"真正活跃起来"。

同一年，在浙江温州，18岁的章华妹去地下市场买回纽扣、针线等小商品，偷偷摸摸在家门口摆摊销售。小摊生意很好，平均每天能收入1到2元的纯利润。"那时候我们一家

9口人,一天买米、肉和菜总共要花一元钱。而我摆摊一天能赚回一两元,感觉赚大了。"章华妹说。一天,温州市工商局鼓楼工商所工作人员告诉她:"现在国家政策放开了,允许私人销售货品,你们来工商局登记领证,就可以合法经营了。"原来按照政策,允许各地可以批准一些有正式户口的闲散劳动力从事修理、服务和手工业个体劳动。第二天,章华妹就去鼓楼工商所登记,她没有交钱,填写了个人信息,提交了两张照片。工作人员告诉她,提交照片的目的是防止证件被多人使用。

1980年12月,章华妹从鼓楼工商所领到了由毛笔书写的"温州市工商行政管理局个体工商业营业执照",证号为"10101号",经营范围为"小百货",开业日期为"1979年11月30日"。她没有想到,这张附有照片的营业执照是改革开放以来中国第一张个体工商业营业执照。章华妹成为改革开放后中国第一个个体工商户。"若不是改革开放,我可能还在小弄堂里提心吊胆地摆摊。"回忆40年"商海沉浮",章华妹不禁感叹。

1980年12月,从一张编号10101的工商营业执照开始,包括章华妹在内的个体户第一次拥有了合法的经济身份。在章华妹领到营业执照的同时,另外1843名温州人也陆续领到执照。这在当时是个创新举措,引起全国关注。据当地媒体报道,1980年前后,温州市有2000多名无证商贩,其中

80%没有工作。为了让这些人就业，1980年7月11日，原温州革命委员会签发《关于对个体工商户举行全面登记、整顿、发证工作的报告》。1982年，温州申领个体户营业执照的数量达到10万余户。很多温州人成了老板，并出现了中国最早的一批"万元户"。从那以后，一代代个体私营创业者投入市场经济的大潮，敢闯敢干，创造出了许许多多令人惊叹的传奇。

随着改革开放后营商环境的日渐优化，章华妹也与许多当地个体工商户一样选择转型升级。从代销服装珠片到"转战"皮鞋市场，由跻身"万元户"再到亏光积蓄……成为合法个体户后的十几年间，章华妹的主业数次更迭，也曾因成家而停止经商，后于1995年又重回纽扣批发这一"老本行"。其时，温州永嘉桥头纽扣市场"声名鹊起"，章华妹的纽扣生意也因而"风生水起"。"我本想将个体户'进行到底'，但生意规模越来越大，经过深思熟虑，我在2007年成立了公司。"顺应时代大潮，让她越走越稳。

40年风雨兼程，章华妹及其家人踏着改革开放浪涛一路前行。2004年11月，章华妹因"全国第一张个体工商户营业执照"而登上央视舞台；2016年12月，章华妹以全国个体工商户先进代表的身份，在人民大会堂接受国家领导人会见……一张营业执照，见证了温州第一代创业者章华妹半生的荣辱兴衰,陪伴她在竞争激烈的服料市场中站稳脚跟,于小小纽扣中定格了一个时代的独特印记。

(本文摘编自中国新闻网《中国首位个体户"商海沉浮":见证改革开放历程的报道》)

9

"傻子瓜子"：被小平同志三次提起的改革符号

"傻子瓜子"的创始人年广久，被称为"中国第一商贩"，是改革开放的符号之一。因为办起芜湖第一家私营企业，成为雇工上百人的"百万元户"，在20世纪八十年代初引起"姓资"还是"姓社"的争议。

"傻子瓜子"不只是一种炒货，更是一个民族的呼唤。随着我国掀起改革开放的大潮，市场经济从无到有，从小到大，取得了快速发展，商品不断丰富，市场竞争日趋激烈，消费需求不断释放，消费者享受着越来越多的福利。20世纪八九十年代，"傻子瓜子"在各地建立专卖店占领市场，成为全国畅销品。

安徽芜湖中山路步行街商贾云集。街内的一条条小巷串着一栋栋高楼,人声、广告声等喧嚣声在小巷上空交织。这里有"傻子瓜子"的总店,店内墙壁上悬挂着一幅画:"农村改革初期,安徽出了个'傻子瓜子'问题,当时许多人不舒服,说他赚了100万,主张动他。我说不能动,一动人们就会说政策变了,得不偿失。——《邓小平文选》第三卷第371页。"画的下端"印"着一位中年男子,他双手张开,拥抱着世界。他就是"傻子瓜子"创始人年广久,他因被邓小平同志在不同场合三次提及,被誉为"中国第一商贩",他的命运折射出了民营经济在中国的发展变迁。

　　1979年,安徽芜湖的个体户年广久炒卖的瓜子受到追捧,他卖的瓜子味香、个大、量足,利很薄,还总是习惯性地为顾客多抓一把,在旁人眼里,这有点"傻"。后来,他的生意越做越大,开始雇佣工人。但是人们对于雇佣工人算不算走资本主义道路、个体户是不是资本家,还是很困惑。1980年党中央发布《关于进一步加强和完善农业生产责任制的几个问题》文件明确规定"不准雇工"。当时雇工人数遵守"七下八上"的界线,马克思在《资本论》里说:"雇工到了八个就不是普通的个体经济,而是资本主义,是剥削。"到1983年,年广久雇佣的工人增加到100多人,一时间,对于年广久"重走资本主义剥削工人的老路"的质疑纷纷袭来。

　　年广久并非个例,当时中国有超过15万个体户。对雇工

9 "傻子瓜子"：被小平同志三次提起的改革符号

的看法，社会上掀起广泛热议。1981年5月，《人民日报》刊登《一场关于承包鱼塘的争论》，焦点就是"雇工算不算剥削"，《人民日报》为此还开辟专栏进行了长达三个多月的讨论。这其中折射的正是改革初期，如雨后春笋般冒出的工商户普遍的疑问。

年广久瓜子作坊出现雇工人数问题后，时任安徽省农委负责同志派省委干部到芜湖开展调查研究，并撰写了调研报告，结论是可以让年广久的个体工商户继续发展。该负责同志后来还把调查报告带到了中央农村工作会议上。时任中央农村政策研究室主任杜润生看后认为很好，特地把材料送给邓小平同志批阅，而此时的小平同志正在谋划改革开放如何实现新的突破，在看到了"傻子瓜子"问题的调查报告后，以"放一放"和"看一看"表态，为经济体制之外的新生力量——个体经济，创造了弥足珍贵的发展机遇。1984年10月，邓小平在中央顾问委员会第三次全体会议的讲话中，再次提到"傻子瓜子"："我的意见是放两年再看，那个能影响到我们的大局吗？……让傻子瓜子经营一段，怕什么，伤害了社会主义吗？"

1992年，改革开放再次面临何去何从的十字路口，而此时的年广久因有奖销售等问题身陷囹圄。邓小平南方谈话中，第三次提到"傻子瓜子"。"农村改革初期，安徽出了个'傻子瓜子'问题。当时许多人不舒服，说他赚了一百万，主张动他。我说不能动，一动人们就会说政策变了，得不偿失。像这一类问题还有不少，如果处理不当，就很容易动摇我们的方针，影响改革的全局。"

就这样，"傻子瓜子"成为被邓小平三次提起的"改革符号"。而邓小平三度关于"傻子瓜子"的表态，均有着拨正改革航向的深刻意蕴。"傻子瓜子"的每一步，都是中国改革开放里程碑的记忆，也是民营企业适应市场经济发展的缩影。自此，条条框框被打破，新规则、新事物纷纷涌现。改革开放以制度的巨大变革，激活了生产力中最活跃的因素，中国由此万马奔腾、生机勃发。直到今天，民营经济已成为支撑中国经济大厦的支柱之一。

（本文摘编自《邓小平文选》、新华网等报道）

10

"一国两制"构想的提出

党的十一届三中全会后,党中央在毛泽东、周恩来等老一辈革命家争取和平解放台湾思想的基础上,创造性地提出"一国两制"伟大构想。1979年1月1日,全国人民代表大会常务委员会发表《告台湾同胞书》,郑重宣告了中国政府和平解决台湾问题的大政方针,呼吁两岸就结束军事对峙状态进行商谈,把力争和平统一祖国的方针公诸于世。《告台湾同胞书》坚定指出,"世界上普遍承认只有一个中国,承认中华人民共和国政府是中国唯一合法的政府"。两岸统一是大势所趋,"早日实现祖国统一,不仅是全中国人民包括台湾同胞的共同心愿,也是全世界一切爱好和平的人民和国家的共同希望"。"实现中国的统一,是人心所向,大势所趋"。这是两岸关系上具有划时代意义的重要文告,与中国改革开放的脚步同步，擘画了未来两岸关系的一些基本思想、原则、路线，为结束前40年的两岸隔绝状态伸出了和平橄榄枝，也为两岸打开僵局开启和平发展之路指明了方向。

同日，中美两国互相承认并建立外交关系。美国明确宣布："承认中华人民共和国政府是中国唯一合法政府""台湾是中国的一部分"。美国还承诺与台湾"断交、废约、撤军"三项原则，与台湾"将在没有官方政府代表机构、也没有外交关系的情况下保持商务、文化和其他关系"。

《告台湾同胞书》发表后，1979年9月29日，宋庆龄发表了重要文章《人民的意志是不可战胜的》，其中特别提到："在举国欢庆祖国伟大节日的时刻，我不能不想念台湾的骨肉同胞。三十年了，台湾归回祖国、实现国家统一的大业还没有完成，哪一个中国人不应感到身有责任呢？"

1980年1月1日，在政协全国委员会举行的新年茶话会上，邓颖超讲道，一年来《告台湾同胞书》在国内外得到各方面的积极响应，广大台湾同胞、港澳同胞和海外侨胞热烈拥护《告台湾同胞书》中所宣告的大政方针，为促进台湾回归祖国的爱国统一战线积极地进行了各种活动和努力。邓小平说道，我们满怀信心地跨入八十年代，我们面临的任务是要在四化建设中作出显著成绩，要把台湾归回祖国、完成祖国统一大业的工作始终放到重要的议事日程上来。

在1981年9月民革中秋谈话会上，民革领导人屈武说：

"自从人大常委会发出《告台湾同胞书》以后,党和国家领导人多次明确地阐述了对台湾的方针和政策。为了实现和平统一,从现实出发,并不要求台湾当局实行社会主义,只希望台湾当局真正实行孙中山先生的革命三民主义。台湾当局应当尊重孙中山先生的革命遗教,以民族大义为重,顺应历史潮流,走爱国统一的光明大道。"

1981年9月30日,全国人大常委会委员长叶剑英发表谈话,阐述了台湾回归祖国、实现和平统一的九条方针。1982年1月,邓小平在会见海外人士时指出,九条方针实际上就是"一个国家,两种制度","两种制度是可以允许的,他们不要破坏大陆的制度,我们也不破坏他们那个制度"。"一国两制"是党领导人民实现祖国和平统一的一项重要制度,是中国特色社会主义的一个伟大创举。在"一国两制"的政策指引下,香港、澳门开启了回归祖国的历史进程。实践证明,"一国两制"构想既坚定不移地维护了一个中国原则,体现了中国人民实现祖国统一、维护国家主权与领土完整的坚定信心,也尊重了香港、澳门的历史与现实,是中国共产党领导的实现祖国统一的创造性方针,是人类历史上的伟大战略构想。

11

改变中国改变世界的九天

1979年1月29日上午,美国白宫南草坪上首次并排升起五星红旗和星条旗,乐队奏起中美两国国歌,礼炮鸣19响。这是美国总统卡特为到访的中国贵宾邓小平举行的盛大欢迎仪式。两位领导人检阅了仪仗队,1000多名现场民众挥舞中美两国国旗向中国贵宾欢呼。有美国记者感慨说,一个国家的总统举行正式仪式,隆重欢迎另一个国家的副总理并陪同其检阅三军仪仗队,这在世界外交史上绝无仅有。

这是新中国领导人对美国的第一次访问,受到了美国政府和人民的热烈欢迎,揭开了中美关系史的新篇章,对国际形势和世界格局产生了重大而深远的影响。早在邓小平访美前夕,美国就已经掀起了全国性的"中国热"。1979年元旦出版的美国《时代》周刊封面人物选择了邓小平,标题是

"邓小平，中国新时代的形象"。文中惊叹："一个崭新中国的梦想者——邓小平向世界打开了'中央之国'的大门。"

1979年1月28日，是农历己未年春节。按照中国人的传统习俗，大年初一不出远门，但75岁的邓小平这天清晨就冒着严寒出发前往万里之遥的美国。从1月28日至2月5日，短短9天，被美国媒体称为"邓旋风"的75岁老人邓小平收获了美国民众的好感和钦佩，也向世界展示了中国改革开放的坚定决心。

这是美国人第一次近距离领略了新中国领导人的风采，并且为之"深深着迷"。9天的时间里，邓小平的足迹遍布华盛顿、亚特兰大、休斯敦和西雅图等美国城市，出席了近80场会谈、会见等活动，参加了约20场宴请或招待会，发表了22次正式讲话，并8次会见记者或出席记者招待会。在会见各界人士时，邓小平一再表示，希望中美两国人民千秋万代地友好下去。"中美关系正处在一个新的起点，世界形势也正经历着新的转折。中美两国是伟大的国家，中美两国人民是伟大的人民，两国人民的友好合作，必将对世界形势的发展产生积极深远的影响。"

中国领导人在云谲波诡的国际政坛上的中国智慧与战略眼光让美国国内已经掀起的"中国热"趋向高潮。美国参议院的午餐会罕见地聚集了近90名参议员；在佐治亚州州长为邓小平举行的晚宴上，美国南部17个州的州长都赶来了。美国主要电视网的黄金时间更是全变成了"邓小平时间"。

邓小平访问期间充满人情味的举动,更是大大改变了美国人对中国人的革命式刻板印象。1月29日当晚国宴后,美方一改传统做法,不是在白宫举行小型音乐演奏会,而是在华盛顿人引为骄傲的、气势宏伟的肯尼迪表演艺术中心,为邓小平一行举行了一场有1000多名各界人士参加的大型文艺演出,而最后的一个节目更是显示了主人对客人的异乎寻常的友好——由100多名肤色不同的美国小朋友齐声用汉语高唱《我爱北京天安门》。当演员向观众谢幕时,邓小平在卡特的陪同下登上舞台,热情地和演员们握手,他还抱起一名金发碧眼的美国小演员亲吻面颊,现场所有人都被这一幕震撼了。这些充满人情味的举动也被记者们一一摄入镜头,迅速传向全美国,传向整个世界。

2月2日,邓小平应邀去休斯敦市竞技场进餐并观看表演。在当晚的竞技场上,他戴上竞技场发给贵宾的牛仔帽,兴致勃勃地乘马车绕竞技场一周,博得在场美国人的一片喝彩。成千上万的美国人也通过电视注意到了这则新闻。对于美国人来说,邓小平欣然戴上牛仔帽观看美式牛仔表演这一入乡随俗的举动,充分表达了他对美国文化的尊重和对美国人民的友好之情。

这9天,也是改变中国、改变世界的9天。在短短9天访美时间里,邓小平以超凡的外交才能,向世界展示了中国改革开放的决心和中国必将实现现代化的信心。如果说三个联合公报奠定了中美发展关系的政治基础，1979年邓小平对美国的历史性访问，则真正拉开了中美友好交流的大幕。中国改革开放的进程也迈出了历史性的一步。

(本文摘编自《中国青年报》《人民日报》等报道)

12

中国国家领导人首次访日

1978年是中国历史上具有开创意义的一年。这年8月,中日两国政府缔结《中日和平友好条约》。10月22日至29日,邓小平踏上日本国土,对日本开展友好访问,成为中华人民共和国成立以来首位访问日本的我国国家领导人。

这也是邓小平在酝酿中国现代化大战略的过程中所做的一次取经之旅。这次访问正值党的十一届三中全会前夕,作为中国改革开放的总设计师,邓小平心中正在勾画着改革开放的宏伟蓝图,思考着中国将来如何走向富强。访问期间,除了和日本政要交流之外,他还参观了日本新日铁、松下、日产汽车等公司,在日本亲身体验了"现代化"。一向举重若轻的邓小平这样向日方陈述访问日本的三个原因:第一,交换《中日和平友好条约批准书》;第二,向日本友人近几十年来为改善中日关系所付出的努力表示感谢；第三，像徐福一样，寻找"长生不老药"。在2200年前的秦朝，徐福曾奉秦始皇之命，东渡日本以寻找长生药。邓小平所说的"长生不老药"实际上就是如何实现现代化的经验。

10月23日清晨，福田赳夫首相携400位日本友人在国宾馆举行盛大仪式欢迎邓小平访问日本，并共同参加了《中日和平友好条约批准书》互换仪式。在园田直外相和黄华外长签字并交换了官方文书之后，邓小平出乎意料地同福田赳夫拥抱，而之前邓小平一般对共产党国家领导人才有如此举动。和平友好条约"通过促进政治、经济、文化、技术和其他交往，将会对亚太地区的和平和安全产生积极的影响。友好关系和合作是亿万中国人和日本人民的共同愿望，而且也是历史发展的潮流，让我们代表两国人民将我们的友谊世世代代继续下去"。邓小平在这次交换仪式的郑重发言至今仍然指导着中日关系稳步向前发展。

在之后对日本8天的访问中，邓小平挤出时间，怀着浓厚的兴趣先后参观了新日铁公司、日产汽车公司和松下电器公司三个大企业。乘坐新干线从东京去关西时，记者问他有何感想。他说："快，真快！就像后边有鞭子赶着似的！这就是现在我们需要的速度。""我们现在很需要跑。""这次访日，我明白什么叫现代化了。"

访问期间，邓小平还在东京的日本记者俱乐部举行了一次为世人瞩目的记者招待会。参加记者招待会的400多名记者来自共同社、时事社、路透社、合众国际社、美联社、法新社、德新社等著名新闻机构。这是中华人民共和国领导人在出访时第一次以"西欧方式"同记者见面。

在回答有关中国的现代化问题时,邓小平让西方记者们充分领略了中国领导人坦率、务实和开放的风格。他说:"我们所说的在本世纪末实现的现代化,是指比较接近当时的水平。世界在突飞猛进地前进,那时的水平,例如日本就肯定不是现在的水平,我们要达到日本、欧洲、美国现在的水平就很不容易,要达到22年以后的水平就更难。我们清醒地估计了这个困难,但是,我们还是树立了这么一个雄心壮志。"

为了实现现代化,"要有正确的政策,就是要善于学习,要以现在国际先进的技术、先进的管理方法作为我们发展的起点。首先承认我们的落后,老老实实承认落后就有希望。再就是善于学习。这次到日本来,就是要向日本请教。我们向一切发达国家请教。向第三世界穷朋友中的好经验请教。相信本着这样的态度、政策、方针,我们是有希望的"。"长得很丑却要打扮得像美人一样,那是不行的。"这一尖刻的自我评价逗得在场的记者们哄堂大笑。他们也不得不承认,这种实事求是的态度正是中国再出发的希望所在。

邓小平的这次访问,不仅是中日关系史上浓墨重彩的一笔，也对中国后来的发展产生了深远影响。《中日和平友好条约》以条约形式确认了 1972 年《中日联合声明》的各项原则并使之法律化，为此后中日关系的发展提供了政治基础与法律保障。更为重要的是，访日一个多月后，1978 年 12 月 18 日，党的十一届三中全会召开，开启了改革开放和社会主义现代化的伟大征程。

（本文摘编自人民网、新华网等报道）

13

新中国派出第一个政府经济代表团

如今的中国，小学生假期出国游，都已是很平常的事了。然而把时针倒拨回40多年前改革开放前夕，即使是国家的高级干部大部分也都没有踏出过国门。"文化大革命"结束后，邓小平同志郑重提出，派人到国外看看，特别是看看发达国家是怎么搞的。

在邓小平的推动下，1978年，全国掀起了一股声势浩大的出国考察热潮。据当时的国务院港澳办公室统计，从1978年1月至11月底，经香港出国和去香港考察的人员达529批3213人，其中共有12位副总理及副委员长以上的中央领导人，先后20次访问了50多个国家。这是中国改革开放前夕对资本主义经济的一波集中实地考察。国际社会用"侦察兵"来形象地形容中国政府派团。

在这些考察团中，当时担任副总理的谷牧率领的代表团规格最高、规模最大、在外时间最长，也最为引人注目。考察团出发前，邓小平专程到北京饭店与考察团成员见面，嘱咐谷牧和全团同志"广泛接触，详细调查，深入研究些问题"。

带着中央领导的嘱托，从1978年5月2日到6月6日，36天的时间里，代表团考察了法国、瑞士、比利时、丹麦、联邦德国等西欧5国，行程涉及5个国家的25个城市，走访了工厂、矿山、港口、农场、大学、研究院所等80多个单位，主要考察工业、农业、交通、电力、科技、教育等方面的情况。

初出国门的代表团被一路的所见所闻所震撼。瑞士的发电站在用计算机管理，而在中国西南一家大型炼钢厂，居然还在使用一台140年前的英国机器；联邦德国一个年产5000万吨褐煤的露天煤矿只用2000个工人，而中国生产相同数量的煤需要16万个工人；法国马赛索尔梅尔钢厂年产350万吨钢只需7000个工人，而中国武钢年产钢230万吨，却需要67000个工人。代表团成员之一、时任广东省副省长的王全国20年后提及这次出访，仍激动不已，他说："那一个多月的考察，让我们大开眼界，思想豁然开朗，所见所闻震撼每一个人的心，可以说我们很受刺激！闭关自守，总以为自己是世界强国，动不动就支援第三世界，总认为资本主义腐朽没落，可走出国门一看，完全不是那么回事，中国属于世界落后的那三分之二！"

回国后，谷牧立即率领代表团成员撰写了《关于访问欧洲五国的情况报告》，大胆地提出："我们现在达到的经济技术水平同发达的资本主义国家比较，差距还很大，大体上落后二十年，从按人口平均的生产水平讲，差距就更大。我们一定要迎头赶上，改变这种落后状况。"这篇考察报告可以说"一石激起千层浪"。中共中央政治局专门听取代表团汇报，从下午3点半开始一直进行到晚上11点，足足讲了7个半小时。邓小平听取汇报后，当机立断再次强调："一、引进这件事要做；二、下决心向国外借点钱搞建设；三、要尽快争取时间。"巨大的发展差距带来强烈的心理感受，甩开膀子加油干成为当时中国共产党和中国人民奋起直追的时代画像。

在随后会见罗马尼亚和联邦德国客人时，邓小平再次强调说，"我们派了许多代表团到欧洲和日本去考察，发现我们可以利用的东西很多，许多国家都愿意向我们提供资金和技术，条件也不苛刻，从政治、经济角度对我们都有利，为什么不干呢？国际条件有利，国内条件也有利，只要下决心干，就可以加快建设速度"。"中国在历史上对世界有过贡献，但是长期停滞，发展很慢，现在是我们向世界先进国家学习的时候了。过去有一段时间，向先进国家学习先进技术被叫做'崇洋媚外',现在大家明白了,这是一种说蠢话。"

可以说,以谷牧率领的西欧五国考察团为代表的出国考察潮在当时的思想大解放和中央改革开放决策中起了重要作用。没有这些"睁眼看世界"的行动,1978年底宣布"改革开放"这一划时代决定的党的十一届三中全会,就不会开得这么好、这么顺利、这么震惊世界。

(本文改编自新华网、《南方日报》等报道)

14

深圳蛇口打响改革开放"开山炮"

1979年4月,在中共中央工作会议上,中共广东省委第一书记习仲勋提出,希望中央下放若干权力,让广东在对外经济活动中有必要的自主权,允许在毗邻港澳的深圳、珠海、汕头等地举办出口加工区。这一建议得到中央的赞成。邓小平一锤定音:"就叫特区嘛,还是叫特区好,陕甘宁开始就叫特区嘛!中央没有钱,可以给些政策,你们自己去搞,杀出一条血路来。"

作为深圳经济特区的先行者,1979年7月,蛇口轰然响起的填海建港开山炮,犹如一声惊蛰春雷,宣告了中国改革开放春天的真正来临。这也被后来者誉为"中国改革开放第一炮"。凭借着大胆实践和探索,蛇口工业区成为改革开放率先崛起的样板,这也是中国首个外向型、开放型、改革型的工业区。"先有蛇口后有深圳",不仅仅是说蛇口创办时间早,更意味着很多改革经验、改革办法也先于深圳,是在蛇口先期试行并逐步成熟后才慢慢推广到各个经济特区,进而辐射全国的。也因此,蛇口又被人称为"特区中的特区"。总面积不足11平方千米的蛇口工业区在全国率先推行了工程招投标、干部人事制度、劳动用工制度、劳动分配制度、城市居民住房制度、社会保障制度等,创造了24项全国第一。

"看似寻常最奇崛,成如容易却艰辛。"在深圳经济特区建立40周年庆祝大会上,习近平用一句古诗道尽了包括蛇口工业区在内的深圳等经济特区不平凡的发展历程。

1978年的蛇口,还是隶属广东省宝安县的一个公社,宝安撤县改为深圳市,是蛇口工业区成立一个多月后的1979年3月5日,深圳经济特区的建立则是1980年8月26日。当时,一条20多米宽的深圳河隔开了两个世界:河北岸的宝安县,一个农民的年收入只有143元,可20多米外的香港,农民的年收入有13000港币。按照当时汇率折算,相差70倍之多。同时,蛇口的青壮年很多都跑去香港发展,留下来的都是老人小孩。收入差距巨大的背后,是整个经济发展和思想观念的差别。时间观念差、不讲经济效益、办事效率低、平均主义、铁饭碗、大锅饭等制约着改革开放之初的蛇口。

1981年底,一块写着"时间就是金钱,效率就是生命"

的巨型标语牌竖立在蛇口工业区最显眼的地方。这句讲时效、重实干的口号，在今天看来不过是很平常的一句话，可在社会上视金钱、效率为禁忌的当时不啻于一枚"观念炸弹"。腾讯董事会主席兼CEO马化腾回忆说，自己十几岁时第一次来到深圳，看到了著名的"时间就是金钱，效率就是生命"的标语牌，内心立刻被深深地震动。"这是当年中国整个政治经济环境下不可能听到的大胆想法，但又像夜幕中的一道闪电、春天里的一声惊雷，时不我待，深圳从此成为全国的创业热土。"

蛇口的发展也牵动着中央领导的心。1984年2月24日，邓小平在与中央领导谈话时，有这样一段寓意深刻的话："深圳的建设速度相当快……深圳的蛇口工业区更快，原因是给了他们一点权力，500万美元以下的开支自己做主，他们的口号是'时间就是金钱，效率就是生命'。"10月1日，新中国成立35周年的国庆庆典上，写有"时间就是金钱，效率就是生命"的蛇口工业区彩车驶过天安门。这句口号从此响彻全国，家喻户晓。

从此，蛇口与深圳和一个大时代紧紧联系在一起，作为中国改革开放的排头兵，从计划经济的束缚中杀出了一条血路，极大地振奋了人民群众的精神与斗志。作为我国改革开放的前沿阵地，这是中国共产党探索中国特色社会主义建设道路的创造性实验，是中国共产党将马克思主义基本原理与中国社会主义建设相结合的成果案例,是中国改革开放的"试验场"和"窗口",也昭示着中国共产党领导下的中国特色社会主义道路美好的明天。

(本文摘编自《经济日报》刊载的《蛇口春雷:"时间就是金钱,效率就是生命"》等报道)

15

中外合资"天字第一号"企业诞生

在北京航空食品有限公司的荣誉室里，存放着一件特殊的展品，一页镶在镜框里的批准文件，文件号为"外资审字（1980）第一号"。这是当时中华人民共和国外国投资管理委员会批准该公司成立的通知，也是中国内地批准成立的首家中外合资企业的发文。这个被称为中外合资"天字第一号"企业，从诞生之日起，就与中国对外开放战略密不可分。

党的十一届三中全会后，中国民航事业发展迅速，国际航线不断开通，乘坐飞机到中国商务洽谈、旅游的乘客日益增多。1979年1月邓小平访美后，中美达成通航协议。然而在通航筹备的过程中，航空配餐这件如今看起来微不足道的小事情却成为难以跨越的"拦路虎"。但通航谈判中，美方

15 中外合资"天字第一号"企业诞生

明确提出,中美航线的配餐必须符合国际标准。而当时的情况是,即使是党和国家领导人专机的配餐也非常简陋。尽管中国民航做了很多努力,中外旅客意见仍是很大。邓小平在吃了飞机上提供的面包后甚至说:"你们的面包不好,老掉渣儿。"尽快建立并发展中国的现代化航空配餐企业迫在眉睫。

但我国当时相关的设备、人才与技术都非常缺乏,与几家外方企业的合作谈判也都不如意。在这档口,世界贸易中心协会(香港)常任理事伍淑清应新华社香港分社邀请来内地参观访问。在从武汉到广州的火车上,她听到广播里传来邓小平的声音:"中国要对外开放,欢迎外商到中国投资。"作为以做西式餐点闻名的香港美心集团创办人伍沾德的长女,伍淑清立刻想到自己的父亲。她向父亲提议:"利用家族做食品的有利条件,尝试投资航空食品。"这个想法立刻得到了父亲的支持。

然而,当时香港与内地的联系还很少,建立合资企业,在当时的内地更是新鲜事物,怎么谈合资、谁批、能不能批下来,都是摸着石头过河。1979年6月,伍氏父女北上北京,在不会讲普通话的情况下,用笔和纸与相关部门沟通磋商。由于当时内地刚刚开放,合资企业没有先例,父女俩内心还是有点忐忑。而谈判另一方涉及多个部门,心里也没有底。

为赶在中美通航前做好配餐,双方还来了一次被传为美谈的"君子约定"。"伍先生,因为中国没有审批中外合资企业的先例,审批还需时日。我们先握握手,一言为定。"听到时任中国民航局局长这番话,伍沾德说:"我们都是中国人,都相信邓小平先生宣布的改革开放政策。"于是,双方握手为约,拉开了中国内地引进外资的大幕。

1980年5月1日,双方合资的北京航空食品有限公司成立,共投资588万元人民币,中方出资300万元,占股51%;港方出资288万元,占股49%。

一家食品企业,几百万元人民币的投资规模并不大。但在当时,作为中国内地对外开放的第一家中外合资企业,北京航空食品有限公司的成立,标志着中国对外开放战略迈出了坚实一步,彰显了中国对外开放的决心,也增添了更多外资来华投资、合作的信心。该公司成立后,以中外合资、中外合作、外商独资形式出现的三资企业,在中国内地如雨后春笋般涌现。北京建国饭店、北京迅达电梯公司、天津王朝葡萄酒公司等知名企业相继成立,中国的外资来源地扩展到美国、瑞士、法国、德国、日本等。

(本文摘编自新华社《来自香港的001号合伙人——访内地首家中外合资企业创始人伍淑清》等报道)

16

邓小平首提"小康"目标

"小康"一词最早源于先秦时期的《诗经·大雅》,"民亦劳止,汔可小康"描述的是古老的先人终日劳作不休,最大愿望是能过上安康生活。西汉时期儒家经典著作《礼记·礼运》中,"小康"则作为一种理想社会状态,大意是基本实现政教清明有序、社会和谐稳定、百姓生活富裕。改革开放之初,邓小平同志引用这一极具中华传统智慧的"小康"概念,创造性地加以描述我国四个现代化的建设蓝图和发展战略,从而使"小康"一词打上了鲜明的文化特色和时代特征。"小康"从此作为中国特色社会主义理论体系和话语体系中的特有名词而出现,从字面意义和社会功能上来看,包含着小康生活和小康社会两层含义。小康生活侧重于表述个人或家庭摆脱贫困生活后的情景,主要以食品、衣着、住房、交通等物质条件指标来衡量；而小康社会则是反映国家经济社会和现代化发展水平的总体概念，特别是随着我国综合国力和经济实力的不断攀升，小康社会的内涵也从单纯的经济指标概念演变为全方位的现代化指标体系。

1979年12月，邓小平在会见日本首相大平正芳时第一次使用"小康"来描述20世纪末中国式的现代化图景，指出到那时"要达到第三世界中比较富裕一点的国家的水平，比如国民生产总值人均一千美元，也还得付出很大的努力。就算达到那样的水平，同西方来比，也还是落后的。所以，我只能说，中国到那时也还是一个小康的状态"。1980年，邓小平经过实地调研和研究各种条件后，感到人均1000美元难以达到，因此在当年10月首次把1000美元调整为800美元至1000美元。他说："经过这一时期的摸索，看来达到1000美元也不容易，比如说800、900，就算800，也算是一个小康生活了。"

随后，党的十二大报告正式提出我国到20世纪末实现小康水平的宏伟蓝图。报告指出，"从1981年到本世纪末的20年，力争使全国工农业的年总产值翻两番，即由1980年的7100亿元增加到2000年的2.8万亿元左右"；"实现了这个目标，我国国民收入总额和主要工农业产品的产量将居于世界前列，整个国民经济的现代化过程将取得重大进展，城乡人民的收入将成倍增长，人民的物质文化生活可以达到小康水平。"不难看出，小康目标是从中国的国情出发，并参考世界发达国家现代化建设的经验，对20世纪50年代以来我们党提出的"要在本世纪末全面实现四个现代化"目标的重大调整和修改。这一概念用世界上通用的衡量一个国家或地区生产水平和生活水平的人均国民生产总值作标准，使原本抽象的社会发展目标概念实现了具体化，不仅更容易为广大人民群众所掌握，而且又便于与世界各国作比较，对我们党科学地制订和完善现代化发展战略具有十分深远的意义。

"小康水平"在实践中有没有具体标准？邓小平同志带着这个问题于1983年春节前夕来到经济相对发达的江苏、浙江和上海进行了为期三周的调研，回京后他系统阐述了建立小康社会后的发展前景，尤其肯定了当时江苏提出的小康社会六个标准，即"人民的吃穿用问题解决了、住房问题解决了、就业问题解决了、人不再外流了、中小学教育普及了、人们的精神面貌变化了"。1984年10月，邓小平在中央顾问委员会第三次全体会议上的讲话中再次对他提出的六条标准做了全面深入的阐释。这六个标准不只是经济方面，而是包括政治、教育、文化和社会、法制等各个方面；不仅描述了经济发展和人民生活的小康水平，还描述了整个社会发展的小康水平，从而设计出了一个经济社会协调发展、全面发展的新的社会发展目标，小康社会理论由此初步形成。1987年，他进一步明确提出，到20世纪末实现我国人均国民生产总值达到1000美元的目标，就标志着我国从总体上进入了小

59

康社会。可见，小康社会从概念提出到理论完善、从奋斗目标到实践路径，都是一个不断发展、日趋丰富的过程。

2021年7月1日，中共中央总书记、国家主席、中央军委主席习近平在天安门广场举行的庆祝中国共产党成立100周年大会上宣告："经过全党全国各族人民持续奋斗，我们实现了第一个百年奋斗目标，在中华大地上全面建成了小康社会，历史性地解决了绝对贫困问题。"千年小康梦，今朝梦成真。不断向前的中国又开始了"意气风发向着全面建成社会主义现代化强国的第二个百年奋斗目标迈进"。

（本文摘编自《人民日报》《学习时报》等报道）

17

第一家乡镇企业的诞生

"回想我们这代人的创业梦，从被当作'资本主义尾巴'东躲西藏，到在计划经济夹缝中'野蛮生长'，再到改革开放中'异军突起'，以及全球化中无知无畏闯天下，可以说是跌宕起伏。"2017年9月26日，鲁冠球在学习《中共中央 国务院关于营造企业家健康成长环境 弘扬优秀企业家精神 更好发挥企业家作用的意见》后，"心情难以平静"，连夜写下并发表署名文章《时代契机，我们没有理由错过》。

这也是改革开放后第一代民营企业家筚路蓝缕的缩影。50年前，浙江钱塘江畔的一个贫困小村，一个年轻人不甘"面朝黄土背朝天"，勇于同命运抗争，带领6个村民在田野里开起一个"铁匠铺"。50年后，原先的"铁匠铺"已发展成为营收超千亿、利润过百亿的现代化跨国企业集团,其创始人就是被称为"乡镇企业改革发展的先行者"的鲁冠球。他领导的万向集团有多项"第一":第一家国内上市的乡镇企业、第一家收购美国纳斯达克上市公司的中国乡镇企业、第一家成为美国三大汽车公司零部件供应商的中国企业。

20世纪80年代初是商品紧缺的时代,杭州万向节厂(万向集团前身)厂长鲁冠球却率先提出"抓质量求生存,靠信誉闯天下"。他派骨干到全国主动收回3万套次品,召集全厂职工参观评议,最后把次品以6分钱一斤的价格卖到废品收购站,并在内部开展了质量大整顿。鲁冠球认为,"生产'将就'产品还发奖金,对工人是腐蚀,对企业是经济自杀"。这个厂当年的产值和利润减少了40%,500多名职工没有拿一分钱奖金。可是,暂时的损失换来的是创造更大财富的现代化企业的素质。

1984年,万向第一个将中国汽车零部件打入美国市场,美国最大的万向节企业舍勒公司提出万向"生产多少他们要多少",对一家乡镇企业来说简直是"天上掉馅饼"的好事,但是条件是弃用万向的"钱潮"品牌。鲁冠球苦思了很久,最后拒绝了舍勒公司的要求。历史证明了这个决策的正确,万向不仅避免了沦为外国代工厂的可能,而且在2000年,万向集团所属的万向美国公司收购了美国舍勒公司。岁月轮回,证实了鲁冠球的论断"我坚信万向可以在国际市场上立足"。

鲁冠球革除了乡镇企业"生产出来就行,卖得出去就好"的经营思想,树立了质量以优取胜、品种以多取胜、价格以廉取胜、服务以好取胜的发展社会主义商品生产的观点,并把更新设备和培养人才作为最重要的基本建设。如今,万向集团在美国、英国、德国等 10 个国家拥有 30 家公司、40 多家工厂,海外员工超过 16000 人,营销网络涵盖 60 多个国家和地区。

从创业创新、参政议政,到带领农民追求共同富裕、关心帮助企业家健康发展,鲁冠球常挂在嘴边的一句话是"做受人尊敬的企业"。2017 年 10 月 25 日,这个没有"退休时间表"的战士永别了他深爱的企业,而鲁冠球所代表的企业家精神正在新时代奔涌传承,激励着一代又一代企业家砥砺奋进、挺立潮头。

2019 年 7 月 8 日,是万向集团创办 50 年的生日。厂庆当天,鲁冠球精神展陈馆开幕。同时,鲁冠球的儿子、2017 年 11 月正式接过父亲衣钵的万向集团党委书记、董事长鲁伟鼎宣布了一件大事:万向董事局决定,按照《信托法》和《慈善法》规定,将万向集团公司截至 2018 年度审计报告的资产,全部捐赠设立鲁冠球万向事业基金。公益基金的全部收益将用于研发新技术、高端人才教育、开展科技研究、支持设立理工类应用型科研机构。公益基金依法设立完成后,正式对外披露公告。并按照《公司法》作为发起人,发起设立组建万向股份公司。让万向创造创业创新的优秀者与我们一起出资成为股东。这可能是中国第一个将如此大规模的资产进行家族信托的案例,也是中国民营企业从创业到守业转型发展的现代企业传承治理案例。

(本文摘编自新华社、人民网等报道)

18

国营企业试行"利改税"

今天的人们已经很难再在日常生活中见到"利改税""拨改贷"这两个名词了。但在改革开放的历史历程中,"利改税"和"拨改贷",是至关重要的两个环节。理顺国家和企业的关系,创造公平竞争的市场经营环境,都与这两项改革密切相关。《"利改税"是改革的方向》还在1983年登上了《人民日报》头版头条的位置。

党的十一届三中全会后,中央在进行经济调整工作的同时,着手研究经济管理体制改革问题。在税制改革方面,确定对国营企业实行"利改税",即由上缴利润改为缴纳税款,税后余利由企业自行支配。在"利改税"实施之前,我国国营企业的一切收入包括利润和折旧,全部上缴财政。国营企业的一切支出,包括厂房设备等基本建设和更新改造费用,由国家投资拨款，原材料、零配件由国家调拨，生产出产品也由物资、商业部门统购包销。为了建立国家与国营企业之间以法律为依据的、稳定的利润分配关系，使国营企业逐步走上自主经营、自负盈亏的道路，从1979年起，国家先后在十几个省市的几百个国营企业中进行了征收所得税即"利改税"的试点工作，并在总结经验基础上全面推行。这项改革分两步进行实施。

第一步改革，主要是对有盈利的国营企业征收所得税，即把企业过去上缴的利润大部分改为用所得税的形式上缴国家。小型国营企业在缴纳所得税后，由企业自负盈亏，少数税后利润较多的，再上缴一部分承包费。大中型国营企业缴纳所得税后的利润，除了企业的合理留利外，采取递增包干、定额包干、固定比例和调节税等多种形式上缴国家。

第二步的"利改税"主要是将国营企业原来上缴国家的财政收入改为分别按11个税种向国家缴税，也就是由税利并存逐步过渡到完全的以税代利。在这一改革中，对企业采取适当的鼓励政策，越是改善经营管理，努力增加收入，税后留归企业安排使用的资金越多。

通过推行"利改税"，国家与国营企业的分配关系逐步通过税收形式固定下来。在稳定了国家财政收入的同时，也调动了企业的生产积极性，企业在向市场化经营机制转变方面出现了积极的变化。一是初步形成了投资约束机制，投资贷款的还款主体由财政转为企业，投资责任更加明确；二是提高了企业努力提高经营效率的积极性。

在"利改税"的同时，为进一步规范国家和企业的关系，开启了"拨改贷"改革。"拨改贷"就是把基本建设投资的财政拨款改为由国营企业向建设银行贷款，项目建成投产后，还本付息。1979年4月的中央工作会议期间，邓小平在一次省市委第一书记会议上指出：是否可以设想，将财政拨款制度改为银行贷款制度，把银行作为发展经济、革新技术的杠杆。银行应该抓经济，现在只是算账、当会计，没有真正起到银行的作用。对投资少、见效快的企业，要采取不用财政拨款，而用银行贷款的办法。很多厂，只需要几千元、几万元、十几万元的钱，就能解决问题。银行可以贷款给他们。年把时间，就可以收回来。如果搞得活的话，银行网点还要扩大。在这次讲话中，邓小平还专门提到建设银行：建设银行也应该起到杠杆的作用。既然叫建设银行，就不光是坐在那里算账、打算盘，也要广开门路，会做经济工作，会做生意。

同年"拨改贷"首先在北京、上海、广东三个省市及纺织、轻工、旅游等行业试点，取得较好的效果。1980年国家又扩大基本建设投资拨款改为贷款的范围，规定凡是实行独立核算、有还贷能力的建设项目，都要进行"拨改贷"改革。经过总结后，1985年1月起，"拨改贷"在全国各行业全面推行。随着几轮改革，国企的基本建设贷款、技术改造贷款以及日常营运资金全部由财政拨款改成银行贷款。

"拨改贷"一方面减轻了政府的财政压力，使得财政部门可以更集中地使用资金去解决国家基础建设、工业军事体系发展等国家重大问题。另一方面也提高了一部分国企的竞争力，促使它们能够跟上时代不断发展壮大，最终成为国家的重要基础实力。

（本文摘编自《人民日报》等报道）

19

改革开放第一股

1986年11月14日,邓小平在人民大会堂会见美国纽约证券交易所董事长约翰·凡尔霖时,向他赠送了一张刚刚上市的、面值50元的上海飞乐音响公司的股票。这一特殊举动,让国际社会察觉到中国改革的强烈信号:股票市场非资本主义所专有,社会主义国家同样可以利用这一工具发展经济。国际社会发出"中国与股市握手"的惊叹。日本《朝日新闻》更是发表整版评论,声称中国企业将全面推行股份制,中国经济终将走向市场化。

邓小平告诉凡尔霖,他目前是飞乐公司唯一的外国股东。拿到股票后的凡尔霖非常兴奋,专程赴上海,在工行上海分行静安证券业务部办理了过户手续。这张首次走出国门的股票,俗称"小飞乐",是1984年由上海飞乐音响股份有限公司发行的，也是中国改革开放后第一只向社会公开发行的股票。

"中国改革开放第一股"的横空出世也是中国改革开放之初"摸着石头过河"探索的一个重要见证。搞活国营企业，一个重要举措就是试行股份制改革。但具体怎么搞，大家心里都没底。1984年10月，在邓小平的主持下，中共中央颁布了《关于经济体制改革的决定》，其中提出"全民所有制经济的巩固和发展绝不应以限制和排斥其他经济形式和经营方式的发展为条件……坚持多种经济形式和经营方式的共同发展，是我们长期的方针……"这为股份制试点创造了重要条件。

1984年11月，以生产喇叭为主的上海飞乐电声总厂，面对市场对音响设备需求增加的局面，急需资金扩大生产。但是在计划经济体制下，电声总厂很难从上级主管部门筹集到更多的资金，必须自己想办法。在《关于经济体制改革的决定》的东风下，电声总厂提出搞股份制、通过发行股票向其他单位和内部职工集资的设想，并得到上海市委、市政府的支持。11月14日，经中国人民银行上海分行批准，由上海飞乐电声总厂、飞乐电声总厂三分厂、上海电子元件工业公司、工商银行上海市分行信托公司静安分部发起设立上海飞乐音响股份有限公司，并向社会公众及职工发行股票。

飞乐音响股票首次成功发行 1 万股，每股面值 50 元，共 50 万元，其中 35% 由法人认购，65% 向社会公众公开发行。这次发行的股票没有期限限制，不能退股，可以流通转让。有股票，就有交易。1986 年 9 月 26 日，中国第一个证券交易柜台——静安证券营业部在南京西路 1806 号正式开张。

万事开头难。尽管证券交易柜台开张了，但实际上，飞乐音响和延中实业是仅有的两只交易股票。没有电脑，没有行情显示屏，成交价由客户口头协商，然后写在黑板上，每天的平均交易量只有数十笔。邓小平向美国客人赠送股票的这一举动无疑给正在蹒跚学步的中国股市以莫大的肯定和鼓励。此后，股份制试点日益增多起来。

邓小平也一直关注着股份制改革。很多证券界资深人士至今对邓小平 1992 年视察南方时发表的那段讲话记忆犹新。"证券、股市，这些东西究竟好不好，有没有危险，是不是资本主义独有的东西，社会主义能不能用？允许看，但要坚决地试。看对了，搞一两年对了，放开；错了，纠正，关了就是了。……总之，社会主义要赢得与资本主义相比较的优势，就必须大胆吸收和借鉴人类社会创造的一切文明成果。"这一精辟深刻的谈话和"不争论"的观点，为中国股票市场的发展壮大奠定了思想理论基础。同年 10 月，中国证券监督管理委员会成立，证券市场由地区性试点进入全国范围推广。

到 1992 年底，全国已有 3700 家股份制试点企业，其中 92 家在上海证券交易所上市，这为后来全面推行现代企业制度奠定了基础。

（本文摘编自《人民日报》、新华网等报道）

20

"和平与发展是当今世界两大问题"

党的十一届三中全会以后,邓小平依据世界基本矛盾的变化,通过对国际形势的长期观察和冷静分析,提出了"和平与发展是当今世界两大问题"的战略判断。从此以后,这一论断,就成为我国制定对内对外战略、方针、政策的理论依据和前提。

第二次世界大战以后,为了争夺世界霸权,美国、苏联两个世界超级大国及其盟国展开了数十年的斗争,双方在军事、经济、科技、航空等领域的竞争,成为世界长期不得安宁的主要根源,也影响了中国的外交政策。20世纪80年代,美苏争霸特点发生变化,美苏关系从激烈抗争迅速走向缓和,世界局势和国际力量对比发生变化。

1983年2月,邓小平在同中央几位负责同志谈话时说:

"以前总是担心打仗，每年总要说一次。现在看，担心得过分了。我看至少十年打不起来。"1985年3月，邓小平在会见日本商工会议所访华团时谈道："虽然战争的危险还存在，但是制约战争的力量有了可喜的发展"，"现在世界上真正大的问题，带全球性的战略问题，一个是和平问题，一个是经济问题或者说发展问题。和平问题是东西问题，经济问题是南北问题。概括起来，就是东西南北四个字。"1987年5月，邓小平在会见荷兰客人时再次提出："对于总的国际局势，我的看法是，争取比较长期的和平是可能的，战争是可以避免的"，"1978年我们制定一心一意搞建设的方针，就是建立在这样一个判断上的。要建设，没有和平环境不行"。

邓小平关于时代主题的伟大论断，在历史的关键时刻为中国发展拨正了航向，也引领中国外交战略实现了最重要的转变，具有划时代的意义。1985年6月，邓小平在中央军委扩大会议上具体地阐释了中国外交战略的转变。他说，第一个转变，是对战争与和平问题的认识。过去我们的观点一直是战争不可避免，而且迫在眉睫，我们好多的决策，都是从这个观点出发的。这几年我们仔细地观察了形势，认为世界战争的危险还是存在的，但是世界和平力量的增长超过战争力量的增长，在较长时间内不发生大规模的世界战争是有可能的，维护世界和平是有希望的。第二个转变，是我们的对外政策。过去有一段时间，针对苏联霸权主义的威胁，我们搞了"一条线"的战略，现在我们改变了这个战略，这是一个重大的转变。

1986年4月，六届全国人大四次会议批准国务院《关于第七个"五年计划"的报告》，《报告》从十个方面全面阐述了中国独立自主和平外交政策的主要内容和基本原则，系统归纳和总结了改革开放以来中国的外交政策，这标志着中国基本完成了新时期外交战略的调整。

外交战略的转变，使中国在发展同世界各国的友好关系方面取得重大进展。1983年到1989年，中国又同12个国家建立了外交关系，建交国总数达到137个。中美、中苏、中日等大国关系进一步改善。1983年，中日双方确定"和平友好、平等互利、互相信赖、长期稳定"四项原则，为中日睦邻友好关系发展奠定基础。中美关系总体保持稳定发展，经贸、科技、文化等方面的合作不断扩大。到1985年，美国已经成为中国第三大贸易伙伴国。20世纪80年代中后期，中苏关系明显改善。1989年5月，戈尔巴乔夫访华，标志着两国关系在破裂20多年后终于实现正常化。

(本文摘编自《人民日报》、新华社等报道)

21

百万大裁军

这是一场载入史册的重大战役。人民军队建设指导思想的战略性转变，直接推动了中华人民共和国历史上著名的"百万大裁军"。这项决策是中国人民解放军为贯彻落实把党和国家工作重点转移到社会主义现代化建设上来的战略决策而采取的一项重大行动，也是中国政府为维护世界和平做出的重要贡献。

党的十一届三中全会以后，根据邓小平同志提出的国防和军队建设要腾出力量支援国民经济发展的要求，以及建设一支强大的现代化、正规化革命军队的指导方针，军队建设进行了一系列重大改革。1982年，军委各技术兵种裁减合并为总参谋部的兵种部，铁道兵部队集体转业到铁道部。在大量裁撤指挥机关的同时，增设了电子对抗部队，成立了国防科工委，以适应国防现代化的需要。1983年4月，中国人民武装警察部队组建成立，这是中国武装力量体制的一个重大变化。

为了更好地实现从"盘马弯弓"的临战准备状态向和平时期建设轨道的转变，走精兵之路，减少数量，提高质量，增强军队在现代条件下的作战能力，1985年5月23日至6月6日，中央军委在北京召开军委扩大会议，做出减少军队员额100万的决策，通过《军队体制改革、精简整编方案》。当中国"百万大裁军"的消息见诸报端的时候，顿时成为世界舆论焦点。

尽管当时的世界格局中，维护和平的力量正在增长，但战争的阴霾依然存在，世界仍处于冷战之中，局部冲突、局部战争时有发生，中国国防安全也面临潜在风险。然而，邓小平站在世界发展的大背景、国际格局的大环境下，做出了重大战略判断。他指出："我们下这么大的决心，把中国人民解放军的员额减少一百万，这是中国共产党、中国政府和中国人民有力量、有信心的表现。"

按照中央军委部署，"百万大裁军"从1985年下半年开始，采取先机关，后部队、院校和保障单位的顺序，自上而下地组织实施。其重点是机关和直属单位，尤其是人民解放军各总部、国防科工委、大军区、军兵种机关及直属单位的人员。同时，将大军区由原来的11个撤并为北京、沈阳、济南、兰州、成都、广州、南京七大军区。全军经过撤并、改制等，减少军级以上单位31个；撤销师、团级单位4054个。到1987年4月，军队裁减员额的任务基本完成，总参谋部、总政治部、总后勤部和各大军区机关都在原定额的基础上精简一半。经过此次精简整编，人民解放军朝着机构精干、指挥灵便、反应快速、提高效率、增强战斗力的目标迈出了坚实的一步。

"百万大裁军"的同时，人民军队现代化进程也在不断加速，人民军队维护国家主权与领土完整的能力进一步增强。1979年2月，人民解放军边防部队在中越边境打响了对越自卫反击战，重创入侵中国领土的越南军队。1984年，解放军收复老山后，进行了长达数年的老山坚守防御战。这些自卫还击战，保卫了中国领土主权完整，维护了国家尊严，展现了人民解放军威武之师的形象。

"百万大裁军"实现的军队结构战略性大调整，改变了以数量衡量战斗力的传统思维定式，打破了以军队规模效应满足国家防卫的传统建设模式，在重塑均衡协调的军力结构方面进行了深入且带有革命性的探索。这是中国共产党、中国政府和中国人民有力量、有信心的表现。它表明，拥有十亿人口的中华人民共和国，愿意并且能用自己的实际行动对维护世界和平做出贡献。

22

星火计划

　　星星之火，可以燎原。改革开放后，我国乡镇企业空前发展，面临人才缺乏、技术落后等一系列问题，产生了强烈的科技需求。"星火计划"应运而生。"星火计划"是依靠科技进步、振兴农村经济，普及科学技术、带动农民致富的指导性科技计划，是我国国民经济和社会发展计划及科技发展计划的一个重要组成部分。

　　1978年3月，全国科学大会后，"科学技术是生产力"观念日益深入人心。邓小平曾诙谐地说，"现在连山沟里的农民都知道科学技术是生产力""农民把科技人员看成是帮助自己摆脱贫困的亲兄弟，称他们是'财神爷'"。1985年3月，邓小平提出，现在要进一步解决科技和经济结合的问题。经济体制、科技体制，这两方面的改革都是为了解放生产力。

新的经济体制，应该是有利于技术进步的体制；新的科技体制，应该是有利于经济发展的体制。双管齐下，长期存在的科技与经济脱节的问题，有可能得到比较好的解决。邓小平强调，改革经济体制，最重要的、他最关心的，是人才；改革科技体制，他最关心的，还是人才，改革就是要创造使拔尖人才能够脱颖而出的环境。同月，党中央颁布的《关于科学技术体制改革的决定》，标志着我国科技工作改革开始涉及运行机制、组织结构、人事制度、经费制度、技术交易等方面，吹响了科技体制改革的号角。

1985年5月，为顺应全国经济体制改革的形势和农村生产力发展的需要，国家科委向国务院提交了《关于抓一批"短平快"科技项目促进地方经济振兴的请示》，因其中引用了"星星之火，可以燎原"这句话，因而也被称为"星火计划"。1986年党中央、国务院正式批准实施"星火计划"。从1986年启动到20世纪90年代初，以推广适用于农村的"短平快"技术等为基本策略，主要目的是加快乡镇企业发展，推动农村经济结构调整。截至1995年底，全国共组织实施"星火计划"项目66736项，覆盖了全国85%以上的县。

其后，"星火计划"伴随着经济、社会和科技的发展不断调整重心。从20世纪90年代初到"十五"初期，"星火计划"以发展星火技术密集区、产业带等为战略思路，主要目的是加快农村产业发展，推动农村经济增长方式转变。从

"十五"初期至今,"星火计划"高举星火富民旗帜,以发展农村产业为基础,以推动农村信息化和农村科技服务等为主要手段,以优化农村科技产业化和创业环境为主要目的,推进现代农业和社会主义新农村建设。

"星火计划"的实施取得了巨大成就,探索了市场机制与政府引导相结合的管理体制,开创了科技进入经济主战场的先河,唤醒了广大农民的科技和市场意识,为广大科技人员提供了广阔的用武之地,为促进解决好"三农"问题做出了重要贡献,已经成为科技服务"三农"的一面旗帜。新时期的"星火计划"将紧紧围绕统筹城乡发展,加快农村科技进步,为现代农业和农村建设做出新的更大的贡献。

23

创办经济特区

独立自主不是闭关自守,自力更生不是盲目排外。只有博采众长,兼收并蓄,才能扬长避短,事半功倍。经济特区发展的历史,就是一部中国改革开放史,就是一部中国人民在中国共产党的领导下"摸着石头过河"、不断探索前进的历史。在改革开放初期,中国发展面临技术落后、设备不足、人才不足、资金短缺等问题,党中央在充分评估国际、国内发展形势的基础上,关心和支持引进国外资金,引进先进技术和设备,进一步提升我国社会主义现代化建设速度,缩短了我国与西方发达国家的发展差距。

1978年春夏,国家计委、外贸部派出经济贸易考察组到香港、澳门进行实地考察。考察组回到广州后,向习仲勋等广东党政领导人提出将宝安、珠海两县从"以粮食为主"逐步转到"以经营出口副食品为主"的建议,广东省委也向考察组提出在毗邻港澳的地方建立试验区的大胆建议。

1978年7月,主政广东的习仲勋在中英街看到,街心几块石头隔离了一条小街,香港一侧车水马龙,而深圳一侧非常萧条,这一景象让他心情沉重,也引发了他深深的思考。1979年1月,广东省和交通部联名向国务院呈报《关于我驻香港招商局在广东宝安建立工业区的报告》,正式提出在宝安蛇口建立工业区,利用国内较为廉价的土地和劳动力,结合利用国外资金、先进技术和原材料,实现我国交通航运现代化;促进宝安城市工业建设和广东省的建设。与此同时,一份关于香港厂商要求在广州开设工厂的来信摘报,送到邓小平那里。邓小平随即批示:"这件事,我看广东可以放手干。"这坚定了广东改革开放先走一步的决心和信心。

1979年4月5日至28日,在中共中央工作会议上,中共广东省委第一书记习仲勋同志在会上提出,希望中央下放若干权力,让广东在对外经济活动中有必要的自主权,允许在毗邻港澳的深圳、珠海、汕头等地举办出口加工区。会议期间,福建省委也提出了类似的设想。中央对广东省委、福建省委的设想表示赞成,初步同意在计划、财政、外贸、金融、物资、商业、劳动工资、物价方面实行新的管理措施。

关于如何命名实行特殊政策的地区问题上,习仲勋在会议期间向邓小平汇报广东准备搞一个"贸易合作区",但具体用什么名称更加合适还没定下来，邓小平说，就叫"特区"嘛，还是叫特区好，陕甘宁开始就叫特区嘛！中央没有钱，可以给些政策，你们自己去搞，杀出一条血路来。

1979年6月6日、9日，广东、福建分别向中央上报《关于发挥广东优越条件，扩大对外贸易，加快经济发展的报告》《关于利用侨资、外资，发展对外贸易，加速福建社会主义建设的请示报告》。7月15日，党中央、国务院批转了这两个报告，确认两省对外经济活动实行特殊政策和灵活措施，给地方以更多的自主权，并强调这是一个重要的决策，对加速我国的四个现代化建设有重要的意义；同意先在深圳、珠海两市试办出口特区，给予更多的主动权，抓住当前有利国际形势，先走一步，把经济尽快搞上去。待取得经验后，再考虑在汕头和厦门设置特区的问题。

1980年5月，根据邓小平的提议，党中央、国务院正式将"出口特区"改称为"经济特区"。8月，党和国家批准在深圳、珠海、汕头、厦门设置经济特区。当年，广东、福建出口分别比上年增长27.9%和47.2%，"三来一补"企业发展迅猛，广东新增就业17万人，福建新增就业3万人，大量华人华侨前来投资，先进技术和国外资本进入中国，极大促进了特区的经济发展水平和我国对外开放水平。

经济特区的创办，是党中央坚持实事求是、敢为人先的实践创新；是活学活用马克思主义，把马克思主义与中国社会主义建设实践相结合的思想创新；是与时俱进，不断调整生产关系、制度体系、中央与地方关系等方面的制度创新。40多年的春华秋实和奋进前行，特区的发展一次又一次地证明，创办经济特区是我国改革开放的重要战略选择，是推进改革开放行之有效的积极探索，是国际共产主义运动史、社会主义国家建设史上的伟大创举。党中央关于兴办经济特区的战略决策是顺历史大势、合民心民意、应时代潮流的伟大抉择。

24

香港回家了

　　香港问题是英国殖民主义者侵略中国造成的历史遗留问题。1840年鸦片战争后,英国强迫清政府相继签订《南京条约》《北京条约》《展拓香港界址专条》等一系列不平等条约,强占中国的香港岛、九龙半岛,并强租新界地区,租期99年,到1997年6月30日期满。对于这些不平等条约,中华人民共和国政府的一贯立场是不受这些条约的约束,在条件和时机成熟的时候收回整个香港地区。

　　1979年3月29日,邓小平会见麦理浩时谈到了中国政府对于香港问题的立场和态度。邓小平指出:我们历来认为,香港的主权是属于中华人民共和国,香港又有它的特殊地位,将来谈判解决香港问题时,前提是香港系中国的一部分。但我们将把香港作为一个特殊地区来处理,在相当长的时期内,香港还可以搞资本主义，而我们搞我们的社会主义。1981年12月，中央做出1997年7月1日收回香港的决定。

1982年9月22日，被称为政坛"铁娘子"的英国首相撒切尔夫人访华。她曾在回忆录中记录了此行目的是保证英国人在1997年后继续治理香港。就在几个月前，英国和阿根廷因历史遗留问题，爆发了马尔维纳斯群岛之战，英国凭借船坚炮利取得了胜利。这次北京之行，撒切尔夫人意在挟马岛胜利的余威，与中国谈判香港问题，幻想可以继续保持英国侵占香港的三个不平等条约继续有效，维持对香港的管治。

然而，中国不是阿根廷，香港也不是马尔维纳斯群岛。24日上午，邓小平在人民大会堂福建厅会见撒切尔夫人。会谈一开始，撒切尔夫人坚持当年英国与清政府签订的三个不平等条约有效，并提出以主权换治权的方案，企图继续维持英国对香港的管制。对此，邓小平斩钉截铁地表示，主权问题是不能够谈判的。邓小平的谈话鲜明表达了中国共产党和中国政府的原则立场和坚定决心，打掉了撒切尔夫人"用一个不平等条约来代替三个不平等条约"的幻想。通过这次会谈，中英双方同意通过外交途径开始进行香港问题的磋商。

至1984年9月，双方经过多达22轮的谈判，终于达成协议。12月19日，中英两国政府签署了关于香港问题的联合声明，宣布中国政府将于1997年7月1日对香港恢复行使主权。声明规定：香港回归后，将实行"一国两制、港人治港"。"一国"即是国家主权放在第一位，没有妥协让步的余地；"两制"，就是在香港保留资本主义制度。中国政府对香港的基本方针及政策，以《中华人民共和国香港特别行政区基本法》为准绳。

1996年1月26日，香港特别行政区筹备委员会成立，标志着中国政府对香港恢复行使主权的准备工作进入具体实施阶段。1997年6月30日，中华人民共和国主席江泽民发布中国人民解放军驻香港部队进驻香港的命令。同日，江泽民率中国政府代表团抵达香港，出席中英香港政权交接仪式。

1997年6月30日午夜，香港会展中心灯火通明，举世瞩目的中英两国政府香港政权交接仪式在这里举行。23时59分，英国国旗和香港旗缓缓降下。7月1日0时整，中华人民共和国国歌响彻会展中心，伴着雄壮的国歌声，中华人民共和国国旗和香港特别行政区区旗冉冉升起。江泽民代表中国政府庄严宣告："中国政府对香港恢复行使主权。中华人民共和国香港特别行政区正式成立。"交接仪式后，举行了中华人民共和国香港特别行政区成立暨特区政府宣誓就职仪式，香港特别行政区首任行政长官董建华和第一届政府主要成员宣誓就职，国务院总理李鹏宣布《中华人民共和国香港特别行政区基本法》从7月1日起实施，中国人民解放军驻香港部队相应接管了香港防务，前无古人的"一国两制"实践由此发轫，香港的发展从此进入一个崭新的时代。

回归后的香港特别行政区政府，在中央政府和内地的大力支持下，团结带领香港各界人士，自强不息、勤力前行，成功抵御亚洲金融危机、非典疫情、国际金融危机冲击，巩固和提升了香港国际金融、贸易、航运中心的地位。香港在全球最具竞争力经济体评选中多次名列榜首，东方明珠更加璀璨。在"一国两制"下，香港不但继续保持原有优势，还从内地获得了更强有力的支持，形成了与内地优势互补、共同发展的良好局面。伟大祖国始终是香港繁荣稳定的坚强后盾，香港在参与国家发展中赢得了自身的更大发展。

25

澳门回家了

澳门对于祖国母亲来说,别离得太久太久,从被占领到回归,历时442年。1925年,著名诗人闻一多曾怀着悲愤、期待写下了流传至今的《七子之歌》。他不会想到,时隔74年,人们为他的诗谱写了优美的旋律,成为1999年迎接澳门回归的主题曲。

1553年,葡萄牙殖民者借口晾晒货物,第一次登上了澳门(时称"濠境"),1557年葡萄牙以每年500两的地租非法获得澳门的居住权。1840年鸦片战争清政府战败后,葡萄牙相继占领了澳门半岛、氹仔岛和路环岛。1887年12月,清政府与葡萄牙王国签订《中葡友好通商条约》,确认葡萄牙可长驻澳门管理。

直到1984年9月26日,中英两国政府签署关于香港问题的联合声明，不但成功解决了香港问题，而且为中葡解决澳门问题提供了范例。1984年10月3日，邓小平在接见港澳同胞国庆观礼团时，回应了澳门立法会议员、出口商会会长吴荣恪关于澳门问题的疑问。邓小平说："澳门问题将会像香港一样，同一个时期，同一个方式解决。"三天后，邓小平在接见澳门中华总商会会长马万祺及其夫人时，进一步明确，今后澳门也是按照解决香港问题的那些原则办事，如"一国两制""澳人治澳"。

1986年5月20日，中国与葡萄牙政府正式发布新闻公报，宣布于1986年6月30日在北京展开澳门问题的谈判，解决澳门问题。经过四轮会谈后，双方联合发表新闻公报，宣布两国已就澳门问题达成协议，中国政府将于1999年12月20日恢复对澳门行使主权。1987年4月13日，中葡两国政府正式签署《关于澳门问题的联合声明》。1993年3月，八届全国人大一次会议审议通过《中华人民共和国澳门特别行政区基本法》，使"一国两制"构想在澳门的实践有了法律保障。

1998年4月29日，九届全国人大常委会第二次会议审议并通过了澳门特别行政区筹备委员会组成人员名单。5月5日，筹委会正式成立。从9月起，筹委会就澳门特别行政区第一届政府推选委员会的具体产生办法在澳门开展了广泛的咨询活动，在充分吸纳澳门居民意见的基础上，制定了《中华人民共和国澳门特别行政区第一届政府推选委员会具体产生办法》。1999年4月10日，筹委会全体会议以无记名和差额选举的方式，选举产生了澳门特别行政区第一届政府推选委员会。5月20日，国务院总理朱镕基签署国务院第264号令，任命何厚铧为澳门特别行政区第一任行政长官。筹委会经过一年多的努力，顺利完成了澳门回归祖国的各项准备工作。

1999年12月19日深夜，位于澳门新口岸刚刚建成的澳门文化中心花园馆灯火通明，举世瞩目的中葡两国政府澳门政权交接仪式在这里举行。葡萄牙国旗和澳门市政厅万旗降下，中华人民共和国国旗和中华人民共和国澳门特别行政区区旗冉冉升起。中华人民共和国主席江泽民庄严宣告："今夜月明风清，波平如镜。中葡两国政府在这里举行庄严的澳门政权交接仪式，宣告中国政府对澳门恢复行使主权。历史将永远记住这一举世关注的重要时刻。"

澳门回归后，中央政府坚持"一国两制"、"澳人治澳"、高度自治的方针，严格按照《宪法》和基本法办事。在1999年万众欢腾的那一天，很多人没有想到，这座原本冷清的小城——回归前连续四年经济负增长、失业率高、治安堪忧，会在短短几年间成为世界上最富裕的地区之一。而每一位澳门居民，都能够分享这份喜悦的成果。澳门的回归，是祖国统一大业进程中的又一丰碑。

26

达成"九二共识"

20世纪80年代,和平统一祖国被列为党和国家三大任务之一。党中央以极大的热情、真诚和灵活的政策,与台湾当局进行沟通,两岸关系终于取得突破性进展。

1987年10月14日,国民党台湾当局迫于内外压力,松动了长期固守的对大陆"不接触、不谈判、不妥协"政策,通过了台湾居民到大陆探亲的方案,规定除台湾的"现役军人及现任公职人员外,凡在大陆有血亲、姻亲、三亲等以内的亲属者,可以登记赴大陆探亲"。从此,坚冰终于打破,海峡两岸结束了38年的隔绝,人员往来和经济文化交流迅速展开,两岸双方分别授权的民间团体开始进行商谈。从1987年11月台湾开放民众赴大陆探亲,到1993年底,约有500万人次台湾同胞飞越海峡。这其中既有与骨肉分离几十年、归乡探亲的台湾老兵,也有为饱览祖国壮丽山河的普通游客。

1990年9月,两岸红十字会就双方居民遣返事宜达成了《金门协议》。11月,台湾成立财团法人海峡交流基金会(简称"台湾海基会"),授权其与大陆方面联系、商谈,董事长为辜振甫。1991年12月,大陆海峡两岸关系协会(简称"海协会")在北京成立,汪道涵出任理事长。海协会和台湾海基会通过民间渠道建立了双方往来。1992年3月,两会①开始事务性商谈。8月4日,汪道涵致函辜振甫,希望就两岸经济发展和两会会务等问题举行会谈。22日,台湾海基会接受会谈邀请。经过多次预备性磋商,海协会与台湾海基会于11月达成"海峡两岸同属一个中国,共同努力谋求国家统一"的"九二共识"。

1993年4月27日至29日,在海协会的倡议和积极推动下,经过海峡两岸的共同努力,汪道涵、辜振甫在新加坡成功举行会谈。"汪辜会谈"是海峡两岸高层人士在长期隔绝之后的首度正式接触,由此突破了以往台湾当局规定的同大陆"不接触、不谈判、不妥协"的"三不"政策,标志着两岸关系迈出了历史性的重要一步。这是1949年以来两岸高层人士以民间名义公开进行的最高层次的会谈。

为进一步促进两岸关系的发展,党中央科学分析台湾局

---

① 特指海协会和台湾海基会,后同。

势和两岸关系发展趋势，深入思考新形势下如何继续推进对台工作。1995年1月，江泽民发表题为《为促进祖国统一大业的完成而继续奋斗》的重要讲话，提出现阶段发展两岸关系、推动祖国和平统一进程的八项主张，既体现了中国政府完成祖国统一大业的坚定决心，又充分考虑到2100万名台湾同胞的愿望和台湾的实际情况，体现了中央对台工作大政方针的一贯性、连续性和新发展，引起海内外高度关注和积极反响。

习近平在参加十二届全国人大四次会议上海代表团审议时指出，"九二共识"是确保两岸关系和平发展行稳致远的关键。承认"九二共识"的历史事实，认同其核心意涵，两岸双方就有了共同政治基础，就可以保持良性互动。20多年来，两岸在"九二共识"的基础上，取得了多方面的长足发展，两岸同胞不断深化经贸、文化交流和人员心灵沟通。这些经验告诉我们，坚持"九二共识"对推动两岸交流，增进互信合作，都发挥着积极作用，是开展对话协商的必要前提，也是两岸和平发展的重要基础。

27

浦东大开发

装点此关山,今朝更好看。上海是一座光荣的城市,是一个不断见证奇迹的地方。20世纪90年代初,国际形势风云变幻,国内改革风起云涌,党中央全面研判国际国内大势,统筹把握改革发展大局,作出了开发开放上海浦东的重大决策,掀开了我国改革开放向纵深推进的崭新篇章。

上海浦东,指黄浦江以东、长江口西南、川杨河以北紧邻上海外滩的一块三角形地区。这是一片具有巨大发展潜力的土地。早在20世纪初,孙中山就提出过开发浦东的设想,但没有付诸实施。1990年初,邓小平在听取了上海市委关于开发、开放浦东的设想后,他当即表示支持,指出:"上海是我们的王牌,把上海搞起来是一条捷径。"4月12日,江泽民主持召开中共中央政治局会议,原则上通过了国务院提交的上海浦东开发方案。随即,上海市委、市政府正式向中央提出《关于开发浦东、开放浦东的请示》。4月18日,国务院总理李鹏在上海大众汽车有限公司成立五周年大会上的讲话中宣布,中央批准设立浦东新区,并实施某些经济特区政策。

浦东新区的开放、开发,吸引了来自美国、英国、日本等国外的投资,大量的跨国公司入驻浦东,为浦东新区开发带来大量的资本、设备、人才。截至1991年8月,浦东的"三资"企业达到135家,总投资达到4.2亿美元。与深圳、珠海、汕头、厦门四个经济特区建设相比,浦东在区域规划、法制建设、产业布局、基础设施建设等方面坚持高起点、高标准,呈现出规划先行、法制先行、产业先行等特点。

浦东开发进入实质性启动阶段后,中央确定在上海试点实行股票上市。1990年11月26日,经中国人民银行批准的上海证券交易所正式成立。交易所的成立,结束了新中国成立以来内地没有正规证券交易所的历史。交易所的成功开业及期货交易机制的引入,向世界发出了一个中国改革开放将坚定不移地向前推进的强烈信号。

30多年来,浦东创造性贯彻落实党中央决策部署,取得了举世瞩目的成就。经济实现跨越式发展,生产总值从1990年的60亿元跃升到2019年的1.27万亿元,财政总收入从开发开放初期的11亿元增加到2019年的逾4000亿元,浦东以全国1/8000的面积创造了全国1/80的国内生产总值、1/15

的货物进出口总额。改革开放走在全国前列，诞生了第一个金融贸易区、第一个保税区、第一个自由贸易试验区及临港新片区、第一家外商独资贸易公司等一系列"全国第一"。核心竞争力大幅度增强，基本形成以现代服务业为主体、战略性新兴产业为引领、先进制造业为支撑的现代产业体系，承载了上海国际经济中心、金融中心、贸易中心、航运中心、科技创新中心建设的重要功能。

浦东开发开放30多年的历程，走的是一条解放思想、深化改革之路，是一条面向世界、扩大开放之路，是一条打破常规、创新突破之路。浦东开发开放战略，正是党中央决定让中国突破国际封锁、坚决贯彻改革开放、探索市场经济制度、全面推动中国经济快速发展的象征和标志。浦东的发展再次证明，中国共产党和中国人民坚持对外开放的决心不变，中国将以更加积极的姿态走向世界，更加努力地推进社会主义现代化建设。展望未来，我们完全有理由相信，在新时代中国发展的壮阔征程上，上海一定能创造出令世界刮目相看的新奇迹，一定能展现出建设社会主义现代化国家的新气象。

28

清理"三角债"

"三角债"不是个人之间的债务,而是企业之间相互拖欠债务的现象。这种混乱不堪的循环欠债问题,自20世纪80年代中后期就已初露端倪。1985年开始,随着经济形势的变化,企业账户上"应收而未收款"与"应付而未付款"项目的数额大幅上升。许多企业资金转动不了,频频告急,要求尽快组织清欠。因此,国务院决定把清理"三角债"工作作为搞好国有大中型企业、提高经济效益的一个突破口。

1988年,全国"三角债"约320亿元,至1990年初猛增至1000多亿元,1990年底更是突破了2000亿元大关。1991年6月1日,李鹏同志主持国务院总理办公会议,研究清理"三角债"问题。当时,全国"三角债"累计已达3000亿元左右。1991年6月底,在中国工商银行开户的1万家企业,"三项资金"占用达 3523 亿元,其中产成品占用达 1306 亿元,严重影响了国民经济的正常运行。

"三角债"的成因主要有三个:一是由于建设项目超概算严重,当年投资计划安排不足和自筹资金不落实,造成严重的固定资产投资缺口,导致对生产部门货款和施工企业工程款的大量拖欠。二是企业亏损严重,挤占了企业自有资金和银行贷款,加剧了相互拖欠。三是企业产品不适销对路或根本无销路,产品积压,产成品资金上升,形成"投入—产出—积压—拖欠—再投入—再产出—再积压—再拖欠"的恶性循环。此外,商品交易秩序紊乱、结算纪律松弛、信用观念淡薄,也加剧了"三角债"问题。

1990 年 3 月 26 日,国务院发出《关于在全国范围内开展清理"三角债"工作的通知》,要求将清理"三角债"作为治理整顿、深化改革的重要任务。7—8 月间,国务院召开全国生产工作会议,宣布清理"三角债"进入攻坚阶段。会后,国务院办公厅转发国务院清理"三角债"领导小组《关于在全国范围内清理企业拖欠货款实施方案》,强调把清理"三角债"作为下半年促进经济形势进一步向好的重要措施之一。

1991 年 3 月,国务院办公厅转发国务院清理"三角债"领导小组《关于继续组织清理"三角债"意见的通知》,要求进一步整顿社会信用秩序,防止前清后欠。6 月,国务院就清理"三角债"工作明确了五条指导意见：抓紧进行产业结构和产品结构调整；重视推销工作；提高企业经济效益以清理"三角债"为突破口；堵住基本建设投资的缺口；考虑对长期产品积压的企业进行必要限制。

根据国务院要求，清理工作探索了一些有效办法：争取各地区、各部门主要领导的重视；准备工作迅速、扎实；改进清欠方法，先试点后推开；找准形成拖欠的主要源头；加大资金、压贷挂钩等清欠配套措施；着眼于经济结构调整，对"三角债"问题严重的企业，要求进行必要的停产、限产。到1991年底，清理"三角债"工作取得阶段性成果，中国经济持续向好，银根放松，"三角债"问题已不再是影响中国经济发展的首要问题。

20世纪90年代初出现的"三角债"问题，是我国由计划经济体制向市场经济体制转轨过程中，新旧体制摩擦和国民经济深层次矛盾的集中反映。这个时期的"三角债"清理工作思路，经历了从以清欠为主到清欠与防欠相结合，再到以防欠为主的转变。清理工作的顺利推进，不仅触及经济深层次问题，而且达成加快经济体制改革的广泛共识。

29

邓小平南方谈话

20世纪80年代末90年代初,中国经历了改革开放以来最大的一次关系党和国家生死存亡的大考验。随着苏联的解体、东欧国家的剧变,国际社会主义运动出现低潮,长期以来的东西方两极冷战结束了。党中央在积极应对错综复杂的国际局势,努力保持国内政治、经济、社会稳定的同时,认真思考研究加快经济发展和深化改革开放的重大问题。

1992年1月18日至2月21日,我国改革开放的总设计师、当时已近88岁高龄的邓小平怀揣一腔忧国忧民的热血,到南方的武昌、深圳、珠海和上海等地进行视察,发表了一系列重要讲话,科学总结了党的十一届三中全会以后党的基本实践和基本经验,以高屋建瓴、振聋发聩的新观点、新论断宣布坚定不移地继续走改革开放之路。邓小平"南方谈话"的要点当时被《深圳特区报》以 8 篇社论的形式集中报道,即《扭住中心不放》《要搞快一点》《要敢闯》《多干实事》《两只手都要硬》《共产党能消灭腐败》《稳定是个大前提》和《我们只能走社会主义道路》,引起国内外强烈反响。

邓小平谈话的内容,主要集中在以下几个方面:强调要毫不动摇地坚持党的"一个中心、两个基本点"的基本路线,坚持不懈地推进改革开放;提出进一步明确什么是社会主义、怎样建设社会主义这一重大理论问题;提出判断改革开放的"三个有利于"标准,计划与市场都是手段,社会主义的本质是解放生产力、发展生产力,消灭剥削,消除两极分化,最终达到共同富裕;强调发展才是硬道理这一论断,对于我们这样发展中的大国来说,经济要发展得快一点;明确坚持"两手抓、两手都要硬",一手抓改革开放,一手抓打击各种犯罪活动,要靠法制和必须始终坚持四项基本原则;提出正确的政治路线要靠正确的组织路线来保证;提出社会主义经历一个长期发展过程后必然代替资本主义,这是社会历史发展不可逆转的总趋势。

如果说,1978 年底邓小平《解放思想,实事求是,团结一致向前看》的讲话,是标志着改革开放新时期开端的一篇解放思想、实事求是的宣言书,那么"南方谈话",则是把改革开放和社会主义现代化建设推向新阶段的又一个解放思想、实事求是的宣言书。1992 年 2 月 28 日,党中央将整理后的"南方谈话"要点作为中央文件下发，要求尽快逐级传达到全体党员干部。3月9日至10日，江泽民主持召开中央政治局全体会议，讨论我国改革和发展的若干重大问题。会议完全赞同邓小平的"南方谈话"，认为谈话不仅对当时的改革和建设、对开好党的十四大，具有十分重要的指导作用，而且对整个社会主义现代化建设事业具有重大而深远的意义。

邓小平"南方谈话"，科学总结了党的十一届三中全会后我国改革开放的基本实践和基本经验，精辟阐述了社会主义的本质特征，明确回答了困扰和束缚人们思想的许多重大问题，集中反映了我们党对社会主义建设规律的深刻认识，体现了共产党人坚持和发展马克思主义的政治勇气和理论智慧，标志着邓小平理论进一步完善，是把我国改革开放和现代化建设推向新阶段的又一个解放思想、与时俱进的宣言书。"南方谈话"内容也促进了全党全国人民又一次思想行动上的统一，为继续推进改革开放伟大事业注入了新的生机和活力。中国的改革开放成为不可逆转的滚滚大潮，中国特色社会主义现代化建设由此进入快行道。

30

第十一届亚运会

许多中国人对1990年亚运会记忆犹新,豪迈的《亚洲雄风》、可爱的吉祥物"熊猫盼盼"、大型团体操《相聚在北京》,是北京亚运会开幕式留给全亚洲最深的记忆。为举办亚运会,一批现代化的亚运会基础设施拔地而起,很多人为北京新地标的宏伟吃惊,认为至少超前了10—15年。这场赛事是改革开放之后,国内第一次举办国际性体育赛事,是中国对外开放、北京走向国际化的重要一幕。

1983年8月,中国奥委会向亚奥理事会提出申请,希望由北京承办第十一届亚运会。1984年9月28日,亚奥理事会在汉城大会上正式批准这一申请。中国为办好该届亚运会做了大量的准备工作,兴建了以该届亚运会主体育场为主的奥林匹克体育中心和亚运村,并建了大量的立交桥和宽敞的马路。北京市的市容焕然一新。1985年4月，北京亚组委成立。次年，包括国家奥林匹克体育中心、运动员村在内的亚运会工程，在北京中轴线北端上百公顷的庄稼地上破土动工。1990年，邓小平在视察国家奥林匹克体育中心场馆后，自豪而不乏风趣地说："中国的月亮也是圆的，比外国圆！"

亚运盛会开幕前夕，一位14岁的藏族少女，在神秘而古朴的青藏高原点燃了1990年北京亚运会的第一簇圣火。当年的火炬传递被称为"亚运之光"，这束亚运之光在念青唐古拉山被采集之后，由江泽民主席分为4把主火炬，分别从中国的最西、最南、最东和最北点开始传递，最终汇聚于北京。其中经过各省的时候，又被分成无数把分火炬，在1个月之内几乎遍历了中国所有县市。而海口南端的点火台，就是其中一把主火炬的起点。其余3把分别在乌鲁木齐、拉萨和哈尔滨点燃。

1990年9月22日，象征着亚洲人民"团结、友谊、进步"的第十一届亚运会在北京隆重开幕。当日，为中国夺得第一枚奥运金牌的许海峰高擎亚运会火炬，在前女排队员张蓉芳及跳水冠军高敏的护卫下，跑入北京工人体育场，在绕场一周后登上了火炬台，点燃了亚运圣火。16点52分，应亚奥理事会邀请，时任国家主席杨尚昆宣布了第十一届亚运会开幕。来自亚奥理事会成员的37个国家和地区体育代表团的运动员参加此届亚运会。中国的陈龙灿代表所有参赛运动员宣誓。在开幕式上，大型团体操表演《相聚在北京》以其磅礴的气势和壮观的场面，向现场 7 万多名中外观众展示了中华民族的灿烂文化和中国人民的崭新精神面貌。

经过 14 天的激烈竞赛，中国队最终以金牌 183 枚、银牌 107 枚、铜牌 51 枚高居金牌榜和奖牌榜首位，确立了亚洲体坛霸主的地位。亚洲体育史上规模空前的第十一届亚运会圆满成功。闭幕式于 1990 年 10 月 7 日晚在北京工人体育场举行，中国近万名文艺工作者和青少年演出《今夜星光灿烂》，沙特阿拉伯代表团打出"谢谢你中国"的横幅，孟加拉国代表团则打出"中孟友谊万岁"的标语。

第十一届亚运会 7 次刷新世界纪录，89 人次打破亚洲纪录，189 次改写亚运会纪录，它反映出亚洲体育运动正以前所未有的步伐迅速向世界水平逼近，并预示亚洲体育运动将成为世界体坛不容忽视的力量。此次盛会的圆满成功，不仅使亚洲各国各地区的人民、运动员之间增进了了解，更重要的是通过现代化的传播手段，使更多的人了解了中国，让世界再次看到了一个开放、文明、友好、自信的中国。

31

上海证券交易所成立

金融是现代经济运行的血脉，证券交易所是金融市场的重要组成部分，它是随着股份制经济的发展而兴起的，是转变企业经营机制和筹集企业长期发展资金的有效形式。1991年的一天，位于上海黄浦路浦江饭店一层的上海证券交易所灯火通明，四五位身着黄色马甲的年轻人端坐在交易大厅中央的柜台里，几十位身着红色马甲的姑娘、小伙环坐四周，双手飞快地操纵着电脑，不时拿起电话急促地谈着生意；厅内高悬着的大型电子屏幕闪闪烁烁，展示着证券市场瞬息万变的行情。

这些"红马甲"是新中国第一代证券经纪人，他们受客户委托代理证券买卖，而"黄马甲"则是中介经纪人，负责将"红马甲"申报的证券价格配对成交。当时，全球的证券交易所都采取手势交易，而上海证券交易所一开业便采用了领先的无纸化交易方式，是全球最早采用全电脑配对交易的交易所。

1978年，党的十一届三中全会后，经济建设成为国家的中心任务，改革开放成为国家基本国策。随着经济体制改革的推进，企业对资金的需求日益多样化，对培育和发展股份制提出了迫切需求。20世纪80年代开始，国家通过股份制试点，逐步放开政策，越来越多的企业半公开或公开发行股票，股票的一级市场开始出现。1987年，党的十三大报告指出，"改革中出现的股份制形式，是社会主义企业财产的一种组织方式，可以继续试行"。随之，采用柜台方式交易国债转让市场在全国范围出现，二级市场的雏形开始形成。伴随着一二级市场的初步形成，证券经营机构开始出现。在此背景下，党中央、国务院作出建立证券交易所的决策。

1990年11月26日，上海证券交易所正式成立。同年12月19日，上海证券交易所鸣锣开市，当日共有30种证券上市，其中有8种股票（即"老八股"）。这里没有旧上海交易所喧闹混乱的景象，来自上海、山东等地的25家证券经营机构成为交易所会员，"马甲"们全部用电脑进行交易，显得井然有序。上海证券交易所只采用现货交易方式，不搞期货交易；禁止买空卖空；股票须进场交易，成交后由交易所统一办理过户。诸如此类的管理制度，有效地抑制了黑市交易，经营好的企业股价上升，差者则下降，一改先前股价盲目上涨的局面，市场呈良性运转态势。

上海证券交易所开业3个多月以后，各类证券交易量逐步递增，仅股票交易额就达1726万元。与此同时，深圳证券交易所也加快了成立步伐，1990年12月1日，深圳证券交易所正式开业，两地证券交易所相继成立，实现了股票的集中交易，带来中国股票市场的兴起，这表明中国开始把发展资本市场作为一项战略纳入了经济体制改革的整体战略布局。

30多年来，上海证券交易所从"老八股"、12.34亿元市值起步，陆续吸引大批国民经济骨干企业、行业龙头企业发行上市。截至2021年8月，沪市主板上市公司共计1639家，总市值43.61万亿元。2020年，沪市主板公司共实现营业收入38.19万亿元，共实现净利润3.07万亿元。30多年来，上海证券交易所持续支持企业融资，助力实体经济发展。截至2019年8月末，首次公开募股（IPO）累计筹资1.99万亿元，再融资5.16万亿元，合计7.15万亿元。

2018年11月，改革开放40周年之际，习近平再次考察上海，并提出要在上海证券交易所设立科创板并试点注册制。2019年7月，科创板首批25家企业正式上市交易，截至2021年8月，已上市公司达324家，总市值5.22万亿元，平均市盈率77.35倍。根据世界证券交易所联合会（WFE）统计，2020年度上海证券交易所股票市场IPO数量、融资额均排名世界首位，正在成为全球新兴资本市场的典型代表。

自十一届三中全会以来，摆脱计划经济体制弊端的束缚、探索市场化配置资源的脚步从未停止过。上海证券交易所的成立，是我国深化金融体制改革的又一尝试，是我国资本市场形成的标志性大事，它开创了在社会主义市场经济体制下建立资本市场的先河，为中国资本市场化奏响了新的乐章。

（本文摘编自《新中国70年·影像辞典》《红马甲与黄马甲：上海证券交易所》等报道）

32

实行分税制改革

改革开放前,以工商业税、货物税、盐税、关税、印花税、遗产税、交易税、屠宰税、房产税、地产税、使用牌照税、牧业税等构成的国家税收体系初步建立,为新中国迅速恢复生产和开展建设提供了支持和保障。1978年,党的十一届三中全会后,我国进入改革开放时期,财政税收在国民经济中的调节作用越发受到重视。而在20世纪80年代末90年代初,中央财政陷入了严重危机,由于财政收入占GDP比重和中央财政收入占整个财政收入的比重迅速下降,中央财力的薄弱,使那些需要国家财政投入的国防、基础研究和各方面必需的建设资金严重匮乏。

1991年的全国财政会议,给一位刚到财政部工作的人士留下了深刻的记忆。当时的财长是王丙乾。这位工作人员说,每年财政会议的主要议题是做下一年度的财政预算，当时中央财政十分困难，第二年的预算无论如何都安排不了，有一个大的窟窿，因为前一年税收只有2970多亿元，很多地方非常困难，又赶上贵州遭遇大灾，中央没有钱给地方。王丙乾出于无奈，要各省作"贡献"，从1000万元到1亿元不等。一场财政会变成了"募捐"会。

这些事情说明，随着改革的推进，分灶吃饭、财政包干的体制已不能适应新形势的发展需要。实施分税制将是国家集中财力办大事、实施宏观调控的根本保证。早在1987年10月，党的十三大就提出，要"在合理划分中央和地方财政收支范围的前提下实行分税制"。但在当时，"包"字占改革的主导思想，这一改革思路没有得到具体实施。据时任财政部长、1994年初兼任国家税务总局局长的刘仲藜回忆，党的十一届三中全会以后至1993年，为适应经济体制转轨需要，以充分调动地方和企业积极性为导向，以放权让利为主线，形成两个包干体制：一是财政包干制，二是企业承包制。

"大包干"调动了地方政府积极性，但税收的调节功能不断弱化，影响全国统一市场的形成，特别是中央财政收入占比的下降，直接影响中央政府的宏观调控能力。据刘仲藜回忆，中央财政收入增长乏力，财政收入占国内生产总值的比重、中央财政收入占全国财政收入的比重逐年下降，中央财政连续多年出现赤字。

"分税制是什么意思呢？就是在财政体制上不再搞什么包干、什么分成，而是按税种划分中央和地方的财政收入，中央收哪几种税，地方收哪几种税。"1993年7月23日，同时于北京召开的全国财政工作会议和全国税务工作会议上，朱镕基对分税制做了这样的解释。在随后的几次讲话中，他谈及分税制的目的：一是增加中央财政收入，二是实现共同富裕。

1993年9月2—3日，中央政治局常委会会议同意财税改革方案。9月9日，《人民日报》刊登《统一认识加快财税体制改革》的座谈会发言摘要，讨论与分税制有关的财税体制改革问题。11月14日，党的十四届三中全会通过的《中共中央关于建立社会主义市场经济体制若干问题的决定》指出，要积极推进财税体制改革，把地方财政包干制改为在合理划分中央与地方事权基础上的分税制，建立中央税收和地方税收体系，把维护国家权益和实施宏观调控所必需的税种列为中央税，同经济发展直接相关的主要税种列为共享税，同时采取办法充实地方税税种，增加地方税收入；改革和完善税收制度，推行以增值税为主体的流转税制度，对少数商品征收消费税，对大部分非商品经营继续征收营业税；统一企业所得税和个人所得税等。12月《国务院关于实行分税制财政管理体制的决定》正式出台，进一步细化中央与地方的事权和财权划分、税收返还、配套改革等政策措施。

通过分税制改革调整，短短一年间，国家财政收入就增长了 870 亿元，增长近 20%。其中，中央财政占总体财政收入比例由 35.8% 增至 74.1%，中央财政状况得到明显改善，有力保障了国家重点项目建设，增强了宏观调控能力和提供基本公共服务能力，为中国经济的转型升级提供了强有力支撑。

随着财政管理体制的持续推进，在之后的改革过程中，党中央和国务院以分税制为基本框架，进一步改革完善转移支付制度，优化中央和地方财权事权，实施营改增改革，出台并实施新预算法以及国税地税合并等政策措施。这些改革取得显著成效，分税制改革至今的 20 多年间，财政收入从 1993 年的 4349 亿元增至 2019 年的 19 万亿元，年均增长 15% 以上，财政收入占 GDP 比重从 1993 年的 12.1% 增长到 2019 年的 20%。分税制改革的实施不仅充分调动了地方积极性，而且有效增强了中央宏观调控能力。

（本文摘编自新华社《40 年税制改革回眸》《我国分税制决策背景历史回放》等报道）

33

三年脱困目标初步实现

建立社会主义市场经济，国有企业改革是重点。改革开放以来，中国从计划经济向市场经济转变的过程中，民营企业蓬勃发展，显示出旺盛的生命力，外资企业也雄心勃勃进军中国市场。然而，在转型的过程中，背负着传统体制沉重负担的老国企走不动了。机制老化、负担沉重等一系列问题日益凸显，一些矛盾和问题的长期积累，使国有大中型企业出现了亏损的问题，那些曾经支撑着共和国经济大厦的国有企业，有很多在市场竞争中举步维艰。

从20世纪80年代初的"拨改贷"开始，财政就不再给国有企业拨资本金。此后，财政对国有困难企业的补贴也逐渐停止。国有商业银行独立经营主体的地位日益强化，对效益差的企业不愿贷款。1997年、1998年的财政和金融体制改革，完全切断了政府对国有企业的输血渠道。对国有企业来说，这无异于是断了后路，而1997年的亚洲金融危机对于原本已十分困难的国企来说，更是雪上加霜。

"1998年，全国国有企业盈亏相抵实现的利润是213.7亿元。改革都是逼出来的，当不改革的风险要大于改革风险的时候，改革就是必然的选择"，原国务院国资委副主任邵宁说。1997年底，党的十五届一中全会提出，要用三年左右的时间，通过改革、改组、改造和加强管理，使大多数国有大中型亏损企业摆脱困境，力争到20世纪末大多数国有大中型骨干企业初步建立现代企业制度。这就是改革脱困的"三年两大目标"。一场意义深远的改革攻坚战由此打响。

1999年8月14日，江泽民同志顶着炎炎酷暑，来到辽宁鞍山钢铁集团公司考察，给奋战在自我更新之路上的鞍钢职工以巨大鼓舞。2000年，鞍钢厂区焕然一新，各处都干净整齐、生机勃勃，再也见不到鞍钢"红云漫漫，黑烟滚滚"的景象。鞍钢总经理刘玠说："鞍钢的技术改造已基本完成，现代化的新鞍钢正逐步形成。"

鞍钢，作为新中国最早投入生产的大型钢铁联合企业，被誉为"共和国的钢铁骄子"：从1949年到1998年，鞍钢累计实现利税713.28亿元，上缴国家利税619.85亿元，相当于国家对鞍钢总投资的10.85倍。然而，在市场经济的浪潮中，鞍钢却遭遇了前所未有的困难。1994年，鞍钢已陷入重重危机：职工有 50 万人，是冶金行业人数最多的，其中仅退休职工就有 12 万人；债务达到 138 亿元，资产负债率达到 67%，买煤没有资金，钢材卖不出去，职工工资发不出去；装备技术落后。1935 年的炼铁高炉还在运转，三个炼钢厂中有两个都是比较落后的平炉炼钢；鞍钢还办了个大社会，有学校、医院、副食业等，甚至还有殡仪馆……

面对这样一个又老、包袱又重的企业，鞍钢领导班子形成共识：不改革就没有出路，不改造就不能生存发展。按照党中央提出的建立现代企业制度的要求，鞍钢大刀阔斧地进行了"精干主体，分离辅助"的改革，做到产权清晰、权责明确、减员增效。经过改革，鞍钢 27 个辅助单位成为独立法人的全资子公司；74 个集体单位与原全民主办厂分离；60 个三产单位划归实业公司统一管理。2000 年，鞍钢从事钢铁生产人员已从十余万人减到近 5 万人，劳动生产率大大提高。

抓住科技就抓住了通往未来的绳索，因此国企脱困的关键是技术改造。在鞍钢的技术改造中，没有"等、靠、要"，而是自力更生、艰苦创业。领导班子带领几千名科技人员，在平炉改转炉、热轧带钢厂、全连铸等重大改造工程中，找到了"高起点、少投入、快产出"的新路子，建成的新生产线达到国际先进水平，每吨设备的价格由 1 万美元减少到 1.8 万元人民币，仅"平改转"一项工程，每年可降低成本 4.7 亿元。技术改造后的鞍钢，已有 700 多个品种、25000 个规格的钢材产品质量达到国内先进水平,其中60%以上达到国际先进水平,确保鞍钢在困境中持续前进。

仅2000年上半年,鞍钢就实现利润1.6亿元,是1999年和1998年利润的总和,上缴税金12.56亿元。三年脱困的目标已初步实现。

(本文摘编自《登千山看万马奔腾——辽宁省国有企业减亏增盈纪实》《国企改革四十年 沧桑巨变砥砺前行》《百炼成钢》等报道)

34

神舟飞天，千年圆梦

从古代嫦娥奔月的动人传说，到敦煌飞天的美丽壁画，再到明代人万户"飞天"，探索宇宙苍穹一直是中华民族的梦想。1970年4月24日，我国第一颗人造地球卫星"东方红一号"发射成功，从此揭开了中国进入太空的序幕。1992年9月21日，党中央正式批准实施中国载人航天工程，并确定了"三步走"的发展战略。1999年11月20日，中国第一艘无人试验飞船"神舟一号"成功发射升空，这既是我国实施载人航天工程"三步走"计划的首次飞行试验，也是中国航天史上的重要里程碑，"神舟"从此成为载人航天的代名词。

2003年10月15日5时，酒泉卫星发射中心，航天员杨利伟乘车穿过夹道欢送的人群，向发射塔架驶去，开始了中国人的飞天之旅。这是一次英雄出征，也是中华民族历史上一次伟大的出征。

与此同时，距酒泉卫星发射中心 2500 千米的北京航天指挥控制中心也早已枕戈待旦，中国载人航天历史崭新的一页将在这里翻开。宽敞、明亮的现代化指挥控制大厅里，发射前的各项准备工作正在紧张有序地进行，4 块面积为 48 平方米的巨幅液晶光阀大屏幕上，显示着从我国西北大漠载人航天发射场传来的壮观画面。

9 时，随着"点火！""起飞！"的指令，飞船拔地而起，直刺苍穹。9 时 20 分，任务指挥部宣布："神舟五号"飞船准确进入预定轨道，将中国第一名航天员成功送上太空。此时，指挥控制大厅大屏幕蔚蓝色的背景上，相互交织而又排列有序的飞船飞行曲线，犹如一幅色彩斑斓的优美画卷，真实而又形象地展现在人们面前，中华民族跨越千年的伟大梦想终于成真。

10 月 16 日 6 时，"神舟五号"载人飞船在绕地球飞行 14 圈后成功降落在内蒙古中部草原，随后航天英雄杨利伟自主出舱。我国首次载人航天飞行获得圆满成功，初步实现了我国载人航天战略"三步走"的第一个目标，这是我国航天发展史上一座新的里程碑，标志着我国已经成为世界上独立自主地完整掌握载人航天技术的国家之一。

两年后，2005 年 10 月 12 日，费俊龙、聂海胜两名航天员驾乘"神舟六号"飞船在酒泉卫星发射中心冲破云霄。飞船在太空中飞行了115小时32分钟,成功绕地球77圈后安全返回,"多人多天"成功巡天,圆满实现了工程第一步任务目标。这是我国第一次真正意义上的有人参与的空间科学试验,是我国载人航天工程"三步走"战略进入第二步任务的重要开局,载人航天工程从此进入了一个新阶段。

2008年9月25日,随着一声"点火"的口令,翟志刚、刘伯明和景海鹏三名航天员驾乘"神舟七号"在震天的轰鸣声中腾空而起,飞向茫茫太空。27日,飞船运行到第29圈时,航天员翟志刚打开飞船轨道舱舱门,首度实施空间出舱活动,第一次在茫茫太空中留下中国人的足迹。他挥舞国旗,在太空中向世界问好,"神舟七号报告:01、02出舱活动完成情况正常,感觉良好,完毕。"这句铿锵有力的声音在寥廓的宇宙,穿越了茫茫太空,传进飞控大厅,传遍中国的每一个角落,传遍世界的万水千山。在太空舞动的五星红旗向世人宣告,一个有着千年飞天梦想的伟大民族真正走进太空,中国正式成为世界上第三个独立掌握空间出舱关键技术的国家。

五星红旗飘扬太空,世界目光聚焦中国。我国载人航天工程实施以来,在短短16年的时间内,就实现了从无人到三人、从舱内到舱外的巨大跨越,成果举世瞩目,成就来之不易。几代航天人以不畏艰险、勇攀高峰的精神谱写出了我国航天事业以及整个科技事业的绚丽篇章,不仅提升了中国航天大国的地位,也再次证明,中国人民有志气、有能力攀登世界科技高峰,自立于世界民族之林。

(本文摘编自《杨利伟——勇士出征》《我国进行首次载人航天飞行"神舟"五号飞船发射成功 中国人圆了飞天梦》《迈向太空的新起点》《神箭飞天外 勇士上云霄》《神舟七号载人飞船发射成功》等报道)

35

西部大开发战略

改革开放之初,国家优先给予东部优惠政策,沿海地区获得先行一步的机遇,人、财、物汹涌而来。经过近20年的发展,沿海发达地区已经积累了相当的实力,加快开发中西部地区的时机已经成熟。

西部大开发战略是实现现代化建设第三步战略目标的重大举措。加快西部开发,有利于扩大西部地区的对外开放水平,缩小区域间经济差距,协调地区经济发展。1999年,党的十五届四中全会明确提出国家要实施西部大开发战略。同年6月,江泽民同志在古城西安,向全党、全国人民发出号召:必须不失时机地加快中西部地区的发展,特别是抓紧研究西部地区大开发;加快中西部地区发展的条件已经基本具备,时机已经成熟;从现在起,这要作为党和国家一项重大的战略任务,摆到更加突出的位置。2000年10月，国务院发出《关于实施西部大开发若干政策措施的通知》，确定了若干政策措施支持的重点，确定西部开发的政策适用范围包括重庆市、四川省、贵州省、云南省、西藏自治区、陕西省、甘肃省、宁夏回族自治区、青海省、新疆维吾尔自治区和内蒙古自治区、广西壮族自治区12个省、自治区、直辖市等地，涉及国土面积685万平方千米，占全国国土总面积的71%。

一是西气东输工程。如果说，从东向西，蜿蜒于崇山峻岭、高原大漠之上的万里长城，宛如一条欲飞的蛟龙。出陕蛟龙惊天地，呼啸福气下浦江。这条横贯中国腹地、全长4000千米的能源大动脉，西起新疆巴音郭楞蒙古自治州的轮南，经甘肃、宁夏进入陕西，在陕西的靖边与长庆气田连接，再穿越黄河经山西、河南、安徽、江苏、浙江，东抵上海，把塔里木盆地储量丰富的天然气源源不断地送抵我国经济最发达的东南沿海地区。其中，江苏省作为西气东输最大的受益省份，天然气用量从2003年的79万立方米增至2017年的217亿立方米，居全国之首。2003年到现在，西气东输工程犹如一座金桥，将拥有清洁资源的西部地区与资源贫乏的东部地区、南部地区连接起来，将西部的资源优势转化为经济优势，又为东部地区、南部地区发展提供了强有力的能源支撑。全面拉动了我国天然气城市化发展，加速能源消费结构清洁化，对优化我国以煤炭为主的能源消费结构发挥了重要作用。

二是西电东送工程。仞石壁上开出一处处施工平台，大型机械在悬崖上伸展钢臂，乌江上游两岸载重车穿梭不息，机声轰鸣，打破了峡谷千年的沉寂。"西电东送"重点在西南，西南的重点在贵州。朱镕基同志在贵州考察时指出，贵州既能致富又能支持全国的主要是电力。电力的发展不仅能直接带来经济效益，还能为其他产业在西部的发展提供基础性支持，从而改善西部投资环境，为西部经济发展服务。2000年11月8日，洪家渡、索风营、引子渡、乌江渡电站扩容4个水电项目同时开工，在乌江拉开了"西电东送"的序幕。在实施"西电东送"战略中，贵州遵循市场导向原则和市场规律，保持低价位外送的竞争力，使送、受电双方实现"双赢"。贵州丰富的煤炭、水利资源通过黔电送粤电力大通道源源不断向广东等地传输，有力满足了广东的电力需求。与此同时，至2020年底，贵州新增统调装机2311.6万千瓦，较2001年初增长了4倍以上，有力带动了煤炭、煤电、电力在内的能源产业链发展。产业链的发展，为贵州带来的是经济的增长、岗位的增加、产业的延伸……而对于珠三角地区而言，则是提供了产业发展的绿色电力。2020年12月31日，黔电送粤突破500亿千瓦时，至此，自2000年以来，贵州已累计完成西电东送电量6230亿千瓦时，黔电送粤的20年，为两地的发展不间断地注入动能，有力推进了区域经济的协同发展，也为贵州彻底撕掉千百年来的绝对贫困标签作出了重要贡献。

三是青藏铁路通车。"赫赫我祖，来自昆仑。"在绵延5000多年的浩瀚历史中，很多朝代都曾探源三江源，这种历尽艰险的探索，是对地理方位的考察，对神话传说的验证，更是对民族之根的探求，对理想精神的追寻。今天，在古人可望而不可即的"世界第三极"，青藏铁路矫若游龙，飞舞于世界屋脊。建设青藏铁路是几代中国人梦寐以求的愿望，党和政府始终高度重视。1958年，党中央决定建设青藏铁路西宁至格尔木段，1984年5月这段铁路建成通车。进入21世纪，党中央从推进西部大开发、实现各民族共同发展繁荣的大局出发，作出了修建青藏铁路格尔木至拉萨段的重大决策。2001年6月，青藏铁路全线开工。青藏铁路是世界上海拔最高、线路最长的高原铁路，沿线高寒缺氧，地质复杂，冻土广布，工程十分艰巨。十多万筑路大军在生命禁区艰苦奋战5年，在攻克许多罕见科技难题之后，终于在2006年修通了格尔木至拉萨段。2006年7月1日，青海西宁至西藏拉萨全长1956千米的青藏铁路全线通车。青藏铁路拉萨西站党支部书记张卫东，已在这里工作了15年，见证了这条铁路带来的变化：15年间，进出藏货物量增长均超过20倍，拉萨和周边城乡大部分生活生产资料，都是通过这条"天路"从全国各地源源不断运来。青藏铁路建设者以科技创新挑战世界极限，攻克了"高寒缺氧、多年冻土、生态脆弱"三大世界性难题，青藏铁路被国际社会誉为"可与长城媲美的伟大工程"。很多人感喟，如果没有雄厚的国力，没有勇攀科技高峰的精神，就不可能创造出在平均海拔4000米以上修建高原铁路的人间奇迹。

（本文摘编自《国脉 15 年 福气满神州——西气东输高质量发展纪实》《"西电东送"："十五"重头戏》《迢迢"天路"通高原》《青藏铁路开工典礼隆重举行》等报道）

36

博鳌亚洲论坛：
第一个永久会址在中国

南海之滨，万泉河畔，海南省琼海市博鳌镇旁，一座白色的膜结构建筑，吸引不少游客前来参观。2001年2月27日，正是在这里，第一个将永久会址设在中国的大型国际会议组织——博鳌亚洲论坛正式成立。

20世纪90年代，就亚洲国家整体而言，缺乏一个真正从亚洲的利益和观点出发，专门讨论亚洲事务，增进亚洲各国之间、亚洲各国与世界其他地区之间交流与合作的论坛组织。在此背景下，1998年，菲律宾前总统拉莫斯、澳大利亚前总理霍克和日本前首相细川护熙倡议成立一个类似达沃斯"世界经济论坛"的"亚洲论坛"。"亚洲论坛"的概念得到有关亚洲各国的认同。1999年10月8日，时任中国国家副主席胡锦涛在北京会见了专程为"亚洲论坛"来华的拉莫斯和霍克，并表示中方将对"亚洲论坛"的创建提供支持与合作。2000年，26个发起成员国政府就成立"亚洲论坛"达成共识，中国政府批准在海南成立论坛，各方代表在海南举行了筹备工作会议，博鳌亚洲论坛就此诞生并落户中国海南。

博鳌亚洲论坛于2001年2月26日至27日在中国海南博鳌举行大会。菲律宾前总统拉莫斯、澳大利亚前总理霍克、日本前首相中曾根康弘、哈萨克斯坦前总理捷列先科、蒙古国前总统奥其尔巴特等26个国家前政要出席了大会。时任中国国家主席江泽民、马来西亚总理马哈蒂尔、尼泊尔国王比兰德拉、越南国家副总理阮孟琴等作为特邀嘉宾出席了大会并发表重要讲话。大会通过了《博鳌亚洲论坛宣言》《博鳌亚洲论坛章程指导原则》等纲领性文件。此后，论坛发起成员国又增加至29国。

论坛的发展得到各成员国政府、广大会员合作伙伴，以及各界有识之士的大力支持和积极参与，目前已成为亚洲以及其他大洲有关国家政府、工商界和学术界领袖就亚洲以及全球重要事务进行对话的高层次平台。在新的历史时期，论坛立足亚洲，面向世界，坚持以经济发展为主线，同时为适应不断出现的新经济业态，积极向科技创新、健康、教育、文化、媒体五大领域拓展，为亚洲及世界的和平、繁荣与可持续发展贡献力量。

从传统渔业小镇到知名外交小镇,博鳌的变迁从一个侧面反映了中国改革开放40余年的历史性跨越。作为当今世界最具影响力的论坛峰会之一,博鳌亚洲论坛以其独特的魅力光彩和难以复制的区域特色,成为亚洲以及世界各国凝聚共识、交流思想、重塑信心、阐述主张、扩大合作、共谋发展的高层次对话平台和世界大变局背景下广受政商学界欢迎、备受全球媒体瞩目的国际公共产品。

2021年4月20日上午,博鳌亚洲论坛2021年年会开幕式在海南博鳌举行,此次论坛的主题为"世界大变局:共襄全球治理盛举 合奏一带一路强音"。中国国家主席习近平以视频方式发表题为《同舟共济克时艰,命运与共创未来》的主旨演讲。习近平指出,当前,百年变局和世纪疫情交织叠加,世界进入动荡变革期。我们所处的是一个充满挑战的时代,也是一个充满希望的时代。人类社会应该向何处去?我们应该为子孙后代创造一个什么样的未来?对这一重大命题,我们要从人类共同利益出发,以负责任态度作出明智选择。中方倡议,亚洲和世界各国要回应时代呼唤,携手共克疫情,加强全球治理,朝着构建人类命运共同体方向不断迈进。

2021年适逢博鳌亚洲论坛成立20周年。无论是对亚洲区域合作进程,还是对论坛自身发展而言,2021年都具有重要意义。20年来，论坛始终致力于促进亚洲经济一体化与世界共同发展。展望未来，论坛将一如既往地为亚洲和世界的发展凝聚正能量。

（本文摘编自博鳌亚洲论坛官网相关内容）

37

南水北调：中华民族的世纪创举

水是生命之源，汩汩清水，滋润大地，哺育万物。打开中国水资源分布图，黄淮海流域人口、经济总量占到全国的35%，水资源量却只占7.2%。如何破解"北缺南丰、分布不均"的困局？历代中央领导集体均高度重视南水北调工作。1952年10月30日，毛泽东视察黄河时提出"南方水多，北方水少，如有可能，借一点来也是可以的"。由此提出南水北调伟大构想。1953年2月，毛泽东再次提出"南水北调工作要抓紧"。1958年8月，《中共中央关于水利工作的指示》第一次把"南水北调"写入中央正式文献。此后，中央多次专题研究部署南水北调工作。1958年至1974年，作为南水北调水源地的汉江丹江口水利枢纽完成全部初期工程建设。

改革开放后，党中央以历史发展的远见卓识，从全局和战略高度继续筹划南水北调工程。1978年2月，五届全国人大一次会议通过的《政府工作报告》正式提出"兴建把长江水引到黄河以北的南水北调工程"。1985年3月、1988年6月，国务院多次召开会议推进南水北调工作。进入20世纪90年代，南水北调各项工作提速，《关于国民经济和社会发展十年规划和第八个五年计划纲要的报告》、党的十四大报告等均对南水北调工作作出部署。随着综合国力和经济实力的不断增强，同时，黄淮海流域经济社会发展与水资源短缺矛盾以及生态环境危机日益加剧，特别是1998年长江流域发生大洪水后，2000年华北、山东地区又遭遇特大干旱等，诸多原因把规划建设南水北调工程推上了快车道。2000年9月国务院组织召开座谈会，听取南水北调工作汇报，明确要求南水北调工程规划编制要遵循先节水后调水、先治污后通水、先环保后用水的原则（"三先三后"原则）。2002年12月23日，国务院正式批复《南水北调工程总体规划》。

同月，南水北调工程正式开工，它是实现我国水资源优化配置、促进经济社会可持续发展、保障和改善民生的重大战略性基础设施。工程从长江下游、中游、上游，规划了东、中、西三条调水线路，与长江、淮河、黄河、海河相互连接，构建起中国水资源"四横三纵、南北调配、东西互济"的总体布局。2013年11月，东线一期工程通水，自扬州江都水利枢纽取长江水，供水范围涉及江苏、安徽、山东三省。2014年12月，中线一期工程通水，从丹江口水库取汉江水，向河南、河北、北京、天津供水。

2021年5月14日，推进南水北调后续工程高质量发展座谈会在河南南阳召开。习近平一席话语重心长："在我们五千多年中华文明史中，一些地方几度繁华、几度衰落。历史上很多兴和衰都是连着发生的。要想国泰民安、岁稔年丰，必须善于治水。"南水北调工程的调水规模世界之最，工程横穿长江、淮河、黄河、海河四大流域，涉及十余个省（自治区、直辖市），规划年调水量448亿立方米，仅东、中线一期工程，土石方开挖量就达17.8亿立方米，土石方填筑量6.2亿立方米，混凝土量6300万立方米；它调水距离长，规划中的东、中、西线干线总长度达6350千米，东、中线一期工程总长为2899千米，沿线七省市一级配套支渠约2700千米，总长度达5599千米，是世界上最长距离的调水工程；它工程技术复杂，不仅有丹江口大坝加高，中、东线穿越黄河，世界级特大型跨河渡槽与铁道、公路、油气管道的立体交叉，还有膨胀土、PCCP管道创新施工及冰期输水的安全运行，仅东线13级泵站总装机容量36.62万千瓦、总装机流量4447.6立方米每秒，为世界最大的泵站群。此外，工程还面临着东线南四湖、京杭运河及沿线水污染治理，中线丹江口水库两年内搬迁安置34.5万移民等重大任务。

"加快构建国家水网主骨架和大动脉"提上了日程,相关任务写入"十四五"规划纲要。习近平感慨:"水网建设起来,会是中华民族在治水历程中又一个世纪画卷,会载入千秋史册。"迄今为止,全世界40多个国家有400多项调水工程,比如埃及尼罗河、印度恒河、南美亚马孙河等,但输水线路之长、穿越河流之多、工程涉及面之广,还没有哪一项工程能比得上我国的南水北调工程。相信,无私的中国精神、强大的中国智慧和勤劳的中国汗水,必将使这种疏通天地的资源共享,成为惠及南北的幸福之泉。

(本文摘编自新华社关于南水北调工程相关报道)

38

结束千年农业税

在中国农业博物馆,有一尊被永久收藏的"告别田赋鼎",这是国家取消农业税后,河北省灵寿县农民王三妮自费铸造捐赠的。青铜大鼎诠释着亿万农民对党的农村政策的衷心拥护。2005年3月5日,中国政府宣布将比预定计划提前两年,于2006年全面免除农业税,从而进一步缩短了世界上人口最多的农业群体进行深入改革的时间表。这也是中国历史上第一次废除农业税,大大减轻了农民的负担,是可以被历史记住和赞扬的政策。

农业税是国家对一切从事农业生产、有农业收入的单位和个人征收的一种税。中国农业税以折合征收粮食实物为主,依据为《中华人民共和国农业税条例》;由于一直以征收实物粮食为主,所以习惯上又称为"公粮"。中国为传统的农业国，农业税收一直是国家统治的基础，国库收入主要来自农业税收。尽管农业税在中国古代社会经历了几次大的调整和变化，无论形式怎么改、名称怎么变，"皇粮国税"一直是农民天经地义必须缴纳的。

"祖祖辈辈都要缴的'皇粮国税'，没想到在我们这一代取消了，共产党为俺们农民办了件大好事。"回忆起税费改革，种地多年的山东省德州市腰站镇农民王俊莲十分感慨，她说，"取消农业税，给农民吃了一颗定心丸，让庄户人对未来充满了信心"。王俊莲的经历，是亿万农民税费变迁的缩影。

从 1992 年开始，中国改革开放正式对农业体制进行改革。1996 年 12 月 30 日，中共中央国务院下达了有关减轻农民负担的"十三号文件"：《关于切实做好减轻农民负担工作的决定》，指出"从根本上解决农民负担问题，必须坚持深化改革，对有些地方进行的负担分流和一些粮食主产区进行的税费改革探索，可以继续试验"。这是政府在"红头文件"中对各地正在进行着的农村税费改革试验公开表示肯定。

从 2000 年起，在安徽开始推行农村税费改革并逐步扩大范围，到 2003 年在全国铺开。2004 年开始取消牧业税和除烟叶外的农业特产税；实行取消农业税试点并逐步扩大试点范围，对种粮农户实行直接补贴、对粮食主产区的农户实行良种补贴和对购买大型农机具的农户给予补贴。同年 9 月，胡锦涛在党的十六届四中全会上指出，综观一些工业化国家发展的历程，在工业化初始阶段，农业支持工业、为工业提供积累是具有普遍性的趋向；但在工业化达到相当程度以后，工业反哺农业、城市支持农村，实现工业与农业、城市与农村协同发展，也是带有普遍性的趋向。经过几十年的发展，我国总体上已经到了以工促农、以城带乡的发展阶段。

2005年上半年，中国22个省份免征农业税；年底，28个省、自治区、直辖市及河北、山东、云南3个省的210个县（市）全部免征了农业税。2005年10月，党的十六届五中全会明确提出建设社会主义新农村的重大战略任务。同年12月，十届全国人大常委会第十九次会议通过了从2006年1月1日起废止农业税条例的决定草案，自此延续了2600年的农业税正式退出历史舞台，又一次解放了农村生产力，推动了农村经济的快速发展和农村社会的和谐进步，标志着中国进入改革开放转型新时期。此后，新农合、义务教育阶段学杂费全免、农资综合补贴和良种补贴等一系列惠农政策接连出台。

（本文改编自央广网推出的《奋斗百年路 启航新征程》之《取消农业税：中国农业史上具有里程碑意义的改革》专题）

39

"成渝实验"：城乡一体化的跨越

统筹城乡发展是一个带有全局意义的问题。经过 30 多年改革开放的发展，特别是国际金融危机后发展的内外环境发生了重大变化，谋篇布局一些事关中国经济社会未来发展全局的战略性问题更显紧迫。在现行的城乡二元结构下，我国劳动力、土地等要素市场都存在着人为的分割，农村居民的收入和消费水平、享受的公共服务社会保障与城市居民存在着较大的差距，庞大的农民工群体难以真正融入城市。这些都成为当前启动消费、发展服务业乃至构建和谐社会的难点问题。

"现在摆在我们面前的改革任务大多是难啃的'硬骨头'，涉及面广、利益调整深刻。但是，按照党的十六大提出的在 21 世纪头 20 年建成完善的社会主义市场经济体制的要求，一些重点难点改革任务已经到了非解决不可的时候，必须集中放到'十二五'打攻坚战。"2010年，时任国家发展改革委副主任彭森说。

破除城乡二元体制、统筹城乡发展，既没有现成经验可循，也没有既定模式可以照搬。有关部门和地方因地制宜进行了一些大胆的探索，特别是成都市和重庆市作为国家批准的统筹城乡综合配套改革试验区，走在了前面。

集大城市、大农村、大库区、大山区于一体，重庆城乡二元结构矛盾尤为突出。2007年6月，国家发展改革委批准重庆设立全国统筹城乡综合配套改革试验区。重庆坚持先行先试，积极破解"三农"难题、统筹城乡发展：开展涉及数百万人口、以农民工为主体的户籍制度改革，推进以城带乡的金融创新，推动"圈翼"（以主城区为核心的经济圈和渝东北、渝东南两翼）互动，架构"人人社保"制度体系……从户籍制度、土地管理和使用，到社会保障、公共财政、农村金融、行政体制，重庆拆除了横亘在城乡之间的"高墙"。

2007年11月4日，上千名农民工代表在重庆市委小礼堂参加重庆市"十佳"农民工颁奖仪式。据统计，在重庆的3200万人口中，有400万名农民工；重庆80%以上的建筑装饰工人是农民工，90%以上的矿山一线工人是农民工……从这年起，每年11月第一个星期日是重庆的"农民工日"，这是一个生活在重庆的农民工自己的节日。

与重庆类似，成都也是典型的大城市带大农村格局。据统计，截至2007年8月，成都人口有1104万，其中农业人口531万。推进城乡经济社会发展一体化，是成都发展的必由之路。2007年6月，国家发展改革委批准成都设立全国统筹城乡综合配套改革试验区。成都逐步建立新型的城乡"一盘棋"工作机制和体制：在全国率先实行一元化户籍制度，将全市户籍人口统一登记为居民户口；探索实践以统筹推进"三个集中"（工业向集中发展区集中、农民向集中居住区集中、土地向规模经营主体集中）为核心、以市场化改革为动力、以规范化服务型政府建设和基层民主政治建设为保障的城乡统筹、"四位一体"的科学发展总体战略。

2007年9月1日，一个新生命呱呱降生，他叫方祝帆；同一天，另一个新生命也来到人间，她叫范澍嫣。这两个新生命，一个住乡下，一个住城里，可他们的常住人口登记表没有两样，"户别"栏里都清楚地写着"居民家庭户口"。两个孩子，从出生之日起，不再有"乡下人"与"城里人"的身份区别，而且他们今后在入学、就医、择业等方面享有完全同等的权利。

城乡区域发展不协调，是我国经济社会结构中的突出问题，也是加快转变经济发展方式需要着力破解的重点难点。"成渝实验"的成功，表明一条推动城乡经济区域协调、适合中西部地区的科学发展道路正在形成。

（本文改编自新华社《带有全局意义的重大体制攻坚——全国统筹城乡综合配套改革试点综述》的报道）

40

奥运会来到中国

举办奥运会是中华民族百年的期盼。改革开放初期,邓小平就明确表示,中国不但要参加奥运会,而且可以承担举办奥运会的义务。1999年4月7日,经中国奥委会批准,北京市正式向国际奥委会递交举办2008年奥运会的申请书。国际奥委会主席萨马兰奇正式接受了北京的申请。

2001年7月13日,国际奥委会第112次会议在位于莫斯科河畔的国际贸易中心举行。申请举办2008年奥运会的大阪、巴黎、多伦多、北京和伊斯坦布尔5个城市依次向国际奥委会作陈述。118名国际奥委会委员开始以不记名投票方式确定2008年奥运会的举办城市。日本的大阪在第一轮投票时即被淘汰。北京在第二轮表决时获得超过半数国际奥委会委员的支持,一举夺得2008年奥运会的举办权。

2008年，诞生于西方的奥运会终于来到东方的中国，历史悠久的奥林匹克运动与源远流长的中华文明实现了一次伟大的交会。8月8日，来自世界五大洲的人们在一场盛大的庆典中共享欢乐、放飞激情，见证"同一个世界，同一个梦想"。象征人类团结、友谊、和平的奥林匹克运动，在古老而又青春勃发的北京揭开崭新的篇章。一位美国学者曾这样说过，"奥运会是纯粹西方文化的产物，在西方文化中根深蒂固，但在2008年将在世界上人口最多、最不西方化、象征远东文化中心的中国举办，具有破天荒的历史意义"。

从奥林匹亚到万里长城，奥林匹克运动用友谊的纽带把世界相连，为不同文化创造交流的舞台。中华优秀文化与奥林匹克精神实现了一次完美的融合。北京奥运会是一场无与伦比的体育盛会，奏响了更快、更高、更强的奥运乐章。100多个国家和地区的政要相聚北京，同台观看开、闭幕式。45亿名不同肤色、语言、国家和地区的观众共享奥运盛宴。

最宏伟壮观、振奋人心的还属北京奥运会的开幕式，开场2008名鼓手激情昂扬、敲响奥运会号角，伴随着观众的激昂呐喊、鼓声惊天动地，奥运会顺利拉开帷幕。奥运脚印烟花同一时间出现在鸟巢上空，寓意非凡让观众为之鼓舞沸腾。奥运五环的立体呈现，舞台表演者的奇艺特显，都让人不由感叹，中国之伟大。巨型画卷缓缓拉开，蕴藏中国五千年的历史画卷让来自世界各地的运动员、观众对中华文化表示敬仰与惊叹。

包括孔子文化以及中国印刷术的传播，万千中国人在用自己的方式向世界宣告，中国文化的博大精深，不可磨灭。

北京奥运会除了场面浩荡，令人难以忘怀之外，通过奥运会，同样也涌现出了一批有奥运精神的运动员。204个国家和地区的1万多名运动员挑战极限、攀越新高，刷新38项世界纪录、85项奥运会纪录，多个国家和地区实现奥运会金牌和奖牌零的突破。中国体育健儿更是以夺取51枚金牌、100枚奖牌的骄人成绩，登上金牌榜首位，实现重大历史性突破。

北京奥运会是展示人类文明和谐发展美好画卷的舞台。"上合之夜""非洲之夜""拉美之夜""阿拉伯之夜""亚洲之夜"五大晚会，会聚了80多个国家和地区的近2万名中外艺术家和群众文化团体。北京和6个协办城市之间举办的3000多场次、来自世界不同文明板块国家和地区的文艺表演和文化交流活动，演绎了不同文化"和谐欢聚"的主题。近200项展览活动，展示了来自世界各地的文物、绘画、摄影、雕塑、壁画等各类艺术精品。

北京奥运会诠释出东方文明古国对奥林匹克精神的独特理解。绿色奥运、科技奥运、人文奥运三大理念与奥林匹克运动"和平、友谊、进步"的宗旨一脉相承。绿色奥运勾画出北京筹办奥运会的脉络，以可持续发展的姿态，为中国留下一份"绿色样本"。科技奥运支撑起北京筹办奥运会的框架，提升了科技的魅力，催生亿万国人的创新意识。人文奥运构筑起北京筹办奥运的基石，推动不同文明的交流，展示悠久的东方文明为奥林匹克作出的新贡献。

时任国际奥委会主席罗格说，"北京奥运会给了人们一把了解中国近年来快速发展的钥匙"。气势恢宏、精彩纷呈的北京奥运会，在奥林匹克运动发展历史中写下了光辉的一页。

41

孔子学院：
"走出去"的中国声音

数据显示，截至2020年底，全球共有70多个国家将中文纳入其国民教育体系，外国正在学习中文的人数超过2500万。越来越多的中文爱好者加入到学习中文和中华文化的行列中，在中国和世界各国间架起交流合作的桥梁。

作为开展汉语教学、传播中国文化的全球品牌，"孔子学院"一词写进了党的十七届六中全会《中共中央关于深化文化体制改革、推动社会主义文化大发展大繁荣若干重大问题的决定》，成为海内外媒体关注的一个热点。孔子学院在国外的建设发展，被不少专家认为是中国文化"走出去"的成功范例和有效模式。在很多国家和地区，孔子学院成为精英们议论的话题，也成为受普通民众青睐的跨国教育机构和学习中国文化的窗口。通过孔子学院这个平台，中国文化在国际教育文化交流中发挥着独特的、无可替代的作用，在世界文化舞台上展现熠熠光辉，为人类文明发展作出不可或缺的贡献。

2004年11月，全球首家孔子学院在韩国成立。孔子学院有别于政府，也不同于外设中资机构、企业，是中外民间文化交流使者，是中国借鉴西方发达国家的文化推介与教育传播模式而设立的汉语教学机构，在推介中华优秀文化、传播中国好声音、展示和谐的中国软实力等方面扮演了积极的角色。在建设过程中，孔子学院冲破一些不合时宜、不合国际惯例的传统理念，采取由我方主导、民间运作、中外合作、互利互赢的方式，把影响力从教育机构有效地推向外国主流社会和民间，在各国的孔子学院，按照"五统一"，即统一名称、统一铭牌、统一章程、统一管理、统一考试的方式运作，因地制宜，灵活多样，创造了中外教育文化交流内生式发展的新模式。

截至2011年11月，中国在占世界人口86%的105个国家建立了350多所孔子学院和500个中小学孔子课堂，35个国家和地区将汉语教学纳入本国国民教育体系。世界前200名的70多所外国高校开办了孔子学院。在美国，2010年公立学校开设汉语课的大中小学超过5000所，学汉语人数达到20万，相当于5年前的3倍。英国有5200多所中小学开设汉语课；法国中小学学汉语人数连年增长；德国学汉语人数在5年内增长了10倍。此外，还有美洲、非洲、欧洲等地区的76个国家400多个机构强烈要求申办孔子学院，理由是"你要证明你们大学国际化，就应有孔子学院，这是个面子"。美国《纽约时报》、英国《金融日报》、CNN、BBC等媒体多次评论称，"孔子学院在推进世界对中国文化的了解方面很成功，是迄今为止中国出口的一个最好最妙的产品"。

当今世界，软实力在综合国力竞争中越来越重要，孔子学院的成立，就是塑造中国软实力的重要载体。2014年5月30日，习近平总书记在亲笔致一个孔子学院分校成立的贺信中指出：了解和学习对方的语言文化，有助于增进人民相互了解与友谊，推动国家关系发展。这也为孔子学院的发展提出了新的更高的要求。回首孔子学院的发展，中国给了世界一个惊喜；展望未来，中国还要带世界人民体验更为深广的文明之旅。

相知无远近，万里尚为邻。孔子学院坚持中外合作、因地制宜的办学模式，为增进国际理解、促进世界文化交流互鉴，发挥着重要的作用。它就像一座座跨越空间的桥，为推广汉语、传播中华文化、促进中国与世界人民之间的友谊作出了重要的贡献。

（本文摘编自国家汉办网站、《人民日报》等报道）

42

惠民八亿的新农合制度

党的十六大以来,经过抗击非典疫情的严峻考验,党中央提出了"以人为本"的科学发展观,将发展卫生事业放在了更加突出的位置。而此时中国卫生事业改革面临的最大挑战是有8亿农民,在农村看不起病的现象十分普遍,他们是"小病拖,大病扛""一人得大病,全家陷困境"。不到万不得已,绝对不会去医院看病。随着我国经济与社会的不断发展,越来越多的人开始认识到,"三农"(农业、农村、农民)问题是关系党和国家全局性的根本问题,而不解决好农民的医疗保障问题,就无法实现全面建设小康社会的目标。在这样的背景下,曾有过辉煌成就的"农村合作医疗"的重建被提上议程。

2002年10月,《中共中央 国务院关于进一步加强农村卫生工作的决定》明确指出，要"逐步建立以大病统筹为主的新型农村合作医疗制度"。至此，在中国农村建立一套医疗保障体制的尝试再一次起步。与传统合作医疗比较，新型农村合作医疗制度（以下简称"新农合"）具有以下特点：一是筹资以政府补助为主；二是农民以家庭为单位自愿参加；三是以县为单位统筹基金管理；四是以大病报销为主；五是同步推进农村医疗救助制度。从2003年起，中央财政对中西部地区除市区以外的参加新农合的农民每年按人均10元安排合作医疗补助资金，地方财政对参加新农合的农民补助每年不低于人均10元。这是我国政府历史上第一次为解决农民的基本医疗卫生问题进行大规模的投入。

2006年1月1日，四川省剑阁县剑门关镇凤垭村农民王海芳来到剑门关镇中心卫生院做产前检查。为了省钱，她准备回家生孩子。然而，医生告诉她，只要参加了新农合，住院分娩可以补偿100元。于是，她立即办理了手续。次日凌晨，顺利产下一名女婴。这是剑阁县启动新农合制度后的第一个新生儿。当年1月2日，县卫生局长一行来到病房看望她。王海芳的公公魏在烈是位老实巴交的农民，他一直在纳闷：生了个娃，住院费花了370元，为什么还要补100元？局长一解释，他才恍然大悟。老人说："新农合是个好政策，我想给孩子起个有纪念意义的名字，就叫魏新合吧。"2012年5月，记者重访剑阁县，见到魏新合一家人。王海芳告诉记者:"现在农村生小孩全免费了,那时虽说只补了100元,但农民看病政府拿钱,还是破天荒头一次。"魏在烈说:"我听说现在镇上有人生大病,居然报了十几万元,这在过去是做梦也想不到的。"魏新合的故事,是新农合制度的一个缩影。

截至2011年,城乡居民参加职工医保、城镇居民医保、新农合人数超过13亿人,覆盖率达到95%以上,我国建立起世界上最大的医疗保障网。2003年起开展新农合制度试点并逐步在全国推广,覆盖面迅速扩大,全国参合人口从2003年的0.8亿人增至2011年的8.32亿人。新农合筹资力度逐年加大,医疗保障水平大幅提升。新农合人均筹资水平从2003年的30元提高到2011年的246元,受益人数从2004年的0.76亿人次提高到2011年的13.15亿人次。

据卫生部统计,参合农民住院个人需要承担的部分占年纯收入的比例,从2003年的107%下降到2011年的30%左右。很多患重病农民得到及时救治,避免了因病致贫、因病返贫的悲剧。从2003年以来,全国累计已有42亿人次享受新农合基金补偿,共补偿资金4500亿元。2011年,新农合政策范围内住院医药费用补偿比例达到70%,农民住院实际报销比例超过50%。

新农合制度在保障农民获得基本卫生服务、缓解农民因病致贫和因病返贫方面发挥了重要的作用,它为世界各国,特别是发展中国家所普遍存在的问题提供了一个范本。

(本文改编自《人民日报》刊载的《新农合制度十年观察:农民看病告别"全自费时代"》等报道)

43

上海合作组织：为世界和平发展持续注入正能量

上海合作组织（以下简称"上合组织"）是由哈萨克斯坦共和国、中华人民共和国、吉尔吉斯共和国、俄罗斯联邦、塔吉克斯坦共和国、乌兹别克斯坦共和国于2001年6月15日在中国上海宣布成立的永久性政府间国际组织。它的前身是"上海五国"机制。随后爆发的"9·11"恐怖袭击，美国及其北约盟国在阿富汗实施"不可摧毁的自由"行动，上合组织和中亚国家反恐斗争形势严峻，阿富汗问题的解决错综复杂。上合组织没有时间慢慢成长，从成立之初就要直面复杂多边的局面。

得益于创始六国元首的智慧，上合组织在较短时间内顺利完成了建章立制的法律程序。上合组织从成立之日起就积极融入国际关系体系，获得联合国大会观察员地位，与联合国、东盟、独联体、集体安全条约组织及其下属机构开展合作。上合组织高度重视和平解决阿富汗问题，为此成立上合组织—阿富汗联络小组。上合组织关注的议题日益广泛，对欧亚地区各国的吸引力越来越强，印度、伊朗、蒙古国和巴基斯坦成为第一批上合组织观察员国。各国申请加入上合组织的愿望日益强烈，上合组织扩员问题正式提上议程。

上合组织的宗旨是：加强各成员国之间的相互信任与睦邻友好；鼓励成员国在政治、经贸、科技、文化、教育、能源、交通、旅游、环保及其他领域的有效合作；共同致力于维护和保障地区的和平、安全与稳定；推动建立民主、公正、合理的国际政治经济新秩序。上合组织对内遵循"互信、互利、平等、协商，尊重多样文明、谋求共同发展"的"上海精神"，对外奉行不结盟、不针对其他国家和地区及开放原则。

2008年8月28日，上合组织杜尚别峰会决定成立特别专家组，综合研究本组织扩员问题。为同世界上其他相关国家和国际组织开展互利合作创造条件，元首们批准了《上海合作组织对话伙伴条例》。上合组织互动合作的平台进一步扩大：除了观察员国，上合组织增设了与更多国家发展伙伴关系的内部机制。随后，上合组织日益发展壮大，越来越多的国家希望同上合组织深化合作。然而，上合组织在扩员问题上始终持谨慎态度。2014年9月，上合组织杜尚别峰会批准了《给予上海合作组织成员国地位程序》，为上合组织扩员奠定了法律基础。2017年的阿斯塔纳（今努尔苏丹）正式批准给予印度、巴基斯坦上合组织成员国地位的决议。印巴两国用12年时间才走完从观察员国到正式成员国的道路。上合组织创始成员国元首一致认为，印度和巴基斯坦加入上合组织对提升上合组织的影响，推动本地区全方位合作具有重大的历史意义。

2018年6月，习近平作为中国国家元首首次主持上合组织峰会。阔别6年，上合组织再次回到诞生地，国际社会热切期待，进入新时代的中国为上合组织注入新动力。6月9日至10日，习近平在中国青岛主持上合组织成员国元首理事会第十八次会议，立足欧亚、放眼全球，同与会各方论"上海精神"、提中国方案、谋地区合作、绘发展蓝图，尽显世界级领导人的自信从容与责任担当。欢迎晚宴、小范围会谈、大范围会谈、双边会见、三方会晤……短短两天时间，20余场正式活动，峰会达成广泛共识、取得丰硕成果，引领上合组织迈上新起点。

雄关漫道真如铁，而今迈步从头越。2021年是上合组织成立20周年。放眼未来，后疫情时代世界各国或将面临各类棘手难题。但在"上海精神"的引领下，上合组织将继续为地区乃至全球的安全稳定和可持续发展贡献独有的力量。在这个不稳定不确定的世界，上合组织顺应和平、发展、合作、共赢的时代潮流，高举多边主义旗帜，反对单边主义和保护主义，维护国际公平正义，为进一步完善全球治理体系、构建人类命运共同体不断贡献"上合智慧"。展望未来，百年变局中的"上合力量"，将不断致力于全球治理体系改革完善，为世界描绘更加广阔的发展前景。

（本文改编自上海合作组织网站、新华社《携手前进，开启上合发展新征程——习近平主席主持上合组织青岛峰会并举行系列活动纪实》等报道）

44

夺取防治非典工作重大胜利

北京大学第一医院重症医学科护士李佳辰的手机里，珍藏着两张照片：一张是她在武汉抗击新冠肺炎疫情的照片，一张是她妈妈在北京抗击非典疫情时的照片。2020年2月的一个深夜，作为国家援鄂医疗队队员的李佳辰在武汉收到妈妈的来信，她给妈妈回信说："17年后，我终于成了你。我们同是白衣天使，更是肩负同样使命的战友。"

2003年，当妈妈奔赴抗击非典前线时，李佳辰才9岁。这一年的春夏之交，突如其来的病毒给全中国带来了一场没有硝烟的战争！2月中下旬，非典疫情在广东局部地区流行，3月上旬在华北地区传播和蔓延，4月中下旬波及我国26个省、自治区、直辖市。时任国家主席胡锦涛在接受记者采访时坦言："至于问我担任国家主席以后感到最伤脑筋的事情是什么，我可以坦率地告诉你，那就是防治非典。当几千名同胞遭受非典威胁的时候，当上百名同胞死于这个疫病的时候，作为一名国家领导人，我心急如焚。"

疫情就是命令，时间就是生命。关键时刻，中国共产党领导全国人民打响了一场抗击非典的人民战争，以坚定的信心、非凡的勇气和果断的决策，团结和带领全国人民，坚持一手抓防治非典，一手抓经济建设，夺取了防治非典工作的重大胜利，再一次向世人展示了伟大的力量和精神，赢得了世界的称赞，赢得了全国人民的拥护。

4月14日，广州北京路商业街上突然有人大叫"胡锦涛主席"，接着，人们发现，一个熟悉的形象就站在他们身边，不断地向周围的人群挥手致意。胡锦涛在考察广东省疾病预防中心后，在事先未打招呼的情况下，直接来到了广州最繁华的商业街北京路视察，给全国人民吃下一颗定心丸。

4月17日，中共中央政治局常务委员会召开会议，专门听取有关部门关于非典防治工作的汇报，并对进一步做好这项工作进行了研究和部署。

4月20日，刚刚被任命为卫生部党组书记、常务副部长的高强出现在中外记者面前，坦诚地回答了公众关心的问题。从第二天起，原来5天公布一次疫情的惯例，改为每天公布一次。高强感慨地说："当重大突发公共事件发生时，人民群众希望及时了解真实情况。我们坚持公开透明，把真实的情况告诉大家。"

4月23日，北京最大的非典定点医院——小汤山医院开工建设。小汤山医院是我国在抗击非典中打破常规、特事特办创造的奇迹。一座拥有1000张病床的大型传染病医院，当天晚上决策，第二天建筑工人进驻工地，7天后全部建成，第八天正式启用。从5月1日深夜开始，短短51天，小汤山医院共收治680名非典确诊病例。随着疫情的发展，北京市的非典定点医院逐渐增加，实现了"确保收治、随诊随收、集中治疗"。

4月24日，全国防治非典指挥部成立。随后，中央财政拨出巨额专款设立非典防治基金；将非典列入法定传染病依法进行管理；公布实施《突发公共卫生事件应急条例》；迅速建立完善公开透明的疫情报告制度和信息发布制度。

6月20日，北京小汤山医院东大门挂出醒目的横幅："走出小汤山，一生都平安。"当天，北京最后一批18名非典患者治愈出院。4天后，世界卫生组织宣布，北京不再属于非典疫区。至此，我国抗击非典取得阶段性重大胜利。

从全国防治非典指挥部成立，到世界卫生组织宣布将北京从非典疫区名单中排除，我们仅仅用了两个月时间。我国社会主义制度的巨大优越性再次彰显。同时，非典的发生和蔓延，也暴露出我国在经历了一个经济高速发展阶段之后，存在发展不够协调、公共卫生事业发展滞后、突发事件应急机制不健全等新矛盾新问题。"吃一堑,长一智。"在全面总结抗击非典斗争经验时,胡锦涛第一次用"全面发展、协调发展、可持续发展"的表述来概括正在探索中的"发展观"。一种新的发展观呼之欲出。2003年10月,党的十六届三中全会通过的《中共中央关于完善社会主义市场经济体制若干问题的决定》,第一次在党的正式文件中完整提出科学发展观,强调"坚持以人为本,树立全面、协调、可持续的发展观,促进经济社会和人的全面发展"。

(本文改编自《人民日报》刊载的《回顾抗击非典历程:把人民生命安全和身体健康放在第一位》《众志成城战疫情》等报道)

45

CEPA 签署：
港澳与内地合作进入新阶段

    2003 年，中央政府有关部门分别与香港、澳门特别行政区政府签署关于建立更紧密经贸关系的安排（CEPA），成为内地与港澳经贸发展的新起点和里程碑。

    2003 年 6 月 29 日，在国务院总理温家宝的见证下，中华人民共和国商务部副部长安民代表中央政府，与香港特别行政区财政司司长梁锦松，共同签署了《内地与香港关于建立更紧密经贸关系的安排》文本以及有关磋商纪要。这是目前内地签署的开放程度最高的自由贸易协议。它的签署，有效减少和消除了香港与内地经贸交流中的体制性障碍，也再次彰显了中央政府对特区的巨大支持与无私关心。

    2003 年，先后经受亚洲金融危机和非典疫情双重夹击的香港，遭遇了回归以后最严重的衰退。为了挽救香港经济，时任香港特别行政区行政长官的董建华向中央政府提出与内地建立更紧密经贸关系的建议，并得到中央政府支持。即使在非典疫情暴发期间，相关磋商工作也未中断。在香港回归祖国 6 周年前夕，内地与香港的 CEPA 终于正式签订。

根据深圳海关统计，截至 2017 年 5 月 31 日，全国累计受惠进口货物 750.4 亿元（人民币，下同），涉及 21 个大类港产货物，港方共计签发 15 万份香港 CEPA 优惠原产地证书，前后共有 198 家香港厂商享受了零关税优惠。内地进口的香港 CEPA 项下货物受惠货值由实施首年的 8.6 亿元增至 2016 年的 59.1 亿元，大幅增长了近 7 倍。

一直以来，内地都是澳门最大的商品进出口市场。内地与台港澳相继加入 WTO，这也意味着，在 WTO 体系内，内地对澳门的优惠措施将受到约束。在香港与内地磋商更紧密经贸关系安排时，澳门特别行政区政府也表示愿意适时加入。2003 年 10 月 17 日，中央政府与澳门特别行政区政府也签署了 CEPA。

内地与澳门签署 CEPA 后，内地与澳门经贸交流合作也进入了新的历史阶段，交流日益密切。商务部新闻发言人高峰表示："在货物贸易领域，两地已全面实现自由化。2019 年 1—10 月，内地与澳门贸易额达到 175.9 亿元人民币，同比增长 5.5%。在服务贸易领域，两地相继修订 CEPA 服务贸易协议，为澳门人士在内地执业创造更加便利的条件，进一步促进两地人员、技术等要素高效便捷流动。"

自2003年签署CEPA后，内地和香港、澳门根据经济发展的实际需要陆续签署有关补充协议，CEPA内容不断丰富和更新。2018年12月，内地与香港、澳门相继签署CEPA框架下的《货物贸易协议》，连同之前签署的服务贸易协议、投资协议、经济技术合作协议，标志着国家"十三五"规划中推动CEPA升级的目标提前完成，把CEPA提升至一份更全面的现代化自由贸易框架协议。香港特别行政区政府财政司司长陈茂波说，2003年，内地与香港签订了CEPA，其后多次增加和充实CEPA的内容，以进一步便利贸易和投资。多年来，CEPA一直是内地开放程度最高的自由贸易协议，也是内地与香港经贸合作的重要平台，CEPA升级是两地经贸合作的一个里程碑。

（本文改编自中国新闻网《香港回归20年：CEPA实施13年内地与香港实现双赢》等报道）

46

中国首个北极科考站落成

"中国北极科学考察站今天正式投入运行。"随着红绸的飘落,"中国北极黄河站"的铜牌在北冰洋的阳光中显得格外耀眼。2004年7月28日,中国第一个北极科学探险考察站——中国北极黄河站落成仪式在北纬78度55分的挪威斯匹次卑尔根群岛北极科考基地——新奥尔松举行。

20年前,中国有了第一个南极站;20年后,中国第一个北极站落成。从南极到北极,中国极地科考事业迈出了里程碑的一步。"从此,中国在北极有了支撑点,这将极大地提高我国的极地考察能力。"中国政府代表团团长、国家海洋局局长王曙光说。

神秘的南极和北极,天寒地冻、冰雪皑皑,深深地影响着人类居住的蓝色星球。自古以来,地球两极就吸引着无数人的目光。继探险时代之后，美国、俄罗斯、法国、英国等国家先后在两极建立了众多科学考察站。这些探险和考察活动极大丰富了人类发展的文明史。

中国是极地科学考察事业中的后来者。从20世纪80年代起，伴随着改革开放的步伐，中国极地考察事业迈出了历史性的一步，分别在南极大陆建立长城站和中山站，南极考察一步步从大陆边缘深入内陆。

北极地区独特的地理位置和自然环境，使它与南极地区一样，在全球气候变化研究中占有举足轻重的地位，成为科学考察的重要领域。作为北半球最大的发展中国家，中国受北极地区气候与环境变化的影响最为直接、快速而深远。北极地区的自然环境、经济资源已经与我国的经济建设、环境变迁和未来的可持续发展息息相关。

1999年和2003年，我国政府组织了两次"雪龙号"考察船北极科学考察，采集了大量数据资料，获得了对北极的直接认识。然而，与其他主要极地考察国家相比，我国还存在一定差距。在北极，我国还没有一个固定的立足点，缺乏长期研究的能力。怎么在北极建立中国人自己的科学考察站，成为中国极地研究工作者苦苦思索的问题。

然而在北极建站和在南极情况完全不一样。南极大陆，是至今地球上最后一块未被开发、未被污染的原生大陆，其主权不属于任何一个国家。北极地区总面积为2100万平方千米，其中 800 万平方千米的陆地，主权早已被环北极地区的 8 个国家——美国、俄罗斯、加拿大、挪威、丹麦、冰岛、瑞典和芬兰分享。在任何一个地方建站，都要经过主权国家的同意。

经过反复比较、选择，能满足考察需要、更适合我们国家建站的是挪威的斯匹次卑尔根群岛。2002 年 9 月，国家海洋局会同国务院办公厅、科技部、财政部等有关部门组成政府代表团访问挪威，同挪威政府主管部门进行磋商，提出计划在挪威所属的斯匹次卑尔根群岛建立北极科学考察站，获得了挪威政府的欢迎。同年 12 月 28 日，国家计委正式同意中国北极科学考察站建设立项。

经过一年多的筹备，极地科学工作者建立中国人自己的北极科考站的梦想终于实现。为此曾四处奔走的高登义难掩内心的兴奋："从今天开始，中国科学家终于有了一个属于自己的北极科考基地，这是中国综合国力强盛的最好印证，充分说明中国从此步入世界北极科考强国的行列！"

2018 年 10 月 18 日，由中国和冰岛共同筹建的中—冰北极科学考察站正式运行。这是我国在北极地区除黄河站之外又一个综合研究基地。目前我国已在南极建设有 4 个考察站——长城站、中山站、昆仑站、泰山站，在北极建立有黄河站和中—冰北极科学考察站。中国极地考察能力又迈上一个新台阶。

（本文改编自《中国首个北极科考站黄河站落成运营》《中国将建首个北极科考站 科考队昨日从京出发》等报道）

47

农民工人大代表亮相

2008年1月21日下午,广东省十一届人大一次会议第三次全体会议举行全国人大代表选举投票,773名代表中有740票投给了胡小燕,胡小燕当选全国人大代表。这是中国民主政治建设中具有里程碑意义的一刻,也是中国改革开放史中具有标志性意义的一刻。她的当选,意味着中国首个农民工全国人大代表产生。此后,这也成为胡小燕身上最为瞩目的标签。24岁便从家乡南下广东打工的胡小燕,此前获得过的最高荣誉是"佛山市十佳外来工"称号。

改革开放以来,中国的农民工群体越来越庞大,如何让他们进入各级人大代表会议之中发出自己声音,从中央到地方一直在思考探索。胡小燕当选的前一年,《关于第十一届全国人民代表大会代表名额和选举问题的决定》明确表示,

47　农民工人大代表亮相

"第十一届全国人民代表大会代表中,来自一线的工人和农民代表人数应高于上一届"。在随后的十届全国人大五次会议上,又将"农民工中是否产生人大代表"作为一个议题,最后在第二次全体会议决定草案中规定,"在农民工比较集中的省、直辖市应有农民工代表"。胡小燕就是在这一制度演进中的首位幸运儿。

2008年3月5日,十一届全国人大一次会议开幕,作为首批农民工全国人大代表,胡小燕和来自上海的朱雪芹、来自重庆的康厚明一起走进了人民大会堂。这3人中,胡小燕是第一位正式当选的,所以她被称为"首位农民工全国人大代表"。"我看到了外来工的希望和未来,我身上承载的不再是一个人的得与失,而是2亿多人的重托与希望。"胡小燕还记得首次参加分组讨论的情形。广东代表团中,钟南山院士第一个发言。看着温家宝同志仔细记录发言要点,她一直紧张忐忑的心终于放松下来。首次建议,她的发言是关于外来工欠薪和留守儿童教育问题的。"温总理问我是哪里人?到广东多少年了?工资待遇怎么样?我快速回答,到广东10年了,现在工资3000多。"胡小燕回忆,现场规定每人发言7分钟,她担心时间不够,打断了准备继续发问的温家宝总理,继续发言,"我真傻哦!我当时还不知道总理发问是不算在发言时间内的!"

为了更好地收集农民工想法,胡小燕和《南方工报》在

2010年合作开设了"海燕信箱"专栏，专栏原文刊登农民工来信，并由法律专家解疑释惑。五次参加全国两会，她一共提了20个建议，欠薪入罪、医保转移、住房福利、留守儿童教育……每个建议都和农民工权益有关。在她卸任人大代表后，"海燕信箱"又交由下一任代表管理，依然是农民工的发声渠道。2011年，胡小燕用自己的代表名片，联合公益机构开设了专门服务外来务工人员子女的"小燕暑期乐园"，带领孩子们参观父母的打工场所，学会感恩，也让忙于工作的父母能陪陪孩子。"小燕暑期乐园"一直延续至今，其中2018年就有超过1万多个家庭加入进来。

2012年，胡小燕再次迎来人生轨迹的转变。那一年，广东试行在基层"两代表一委员"中选拔公务员，经过笔试、面试后，胡小燕进入了佛山三水区总工会，担任副主席一职，分管权益和经济、安全生产、环保等工作内容。为了做好工作，她又进修了法学本科学历。2018年11月，党中央决定表彰一批为改革开放作出杰出贡献的个人，胡小燕入选100名改革开放杰出贡献表彰对象。12月18日，党中央、国务院授予了胡小燕"改革先锋"称号，颁授改革先锋奖章，并获评改革开放中涌现的优秀农民工代表。

胡小燕当选全国人大代表是改革开放史上一个具有深远政治意义的开端。从此，更多农民工全国人大代表登上了政治舞台。2018年2月，全国人大常委会表决确认了2980名十三届全国人大代表的代表资格全部有效。其中，有45名农民工代表当选。农民工在国家最高权力机关中有了更多的话语权。

（本文摘编自新华网《胡小燕：改革开放中涌现的优秀农民工代表》等报道）

48

通过《反分裂国家法》

2005年3月14日,十届全国人大三次会议以2896票赞成,2票弃权的表决结果,高票通过《反分裂国家法》。同日,国家主席胡锦涛签署主席令公布该法,即日起予以施行。这是国家政治生活中的大事,为遏制"台独"分裂、促进两岸关系发展、反对外部势力干涉台湾问题、争取国家和平统一提供了重要法律依据。

《反分裂国家法》明确规定:世界上只有一个中国,大陆和台湾同属一个中国,中国的主权和领土完整不容分割。维护国家主权和领土完整是包括台湾同胞在内的全中国人民的共同义务。台湾是中国的一部分。国家绝不允许"台独"分裂势力以任何名义、任何方式把台湾从中国分裂出去;台湾问题是中国内战的遗留问题。解决台湾问题,实现祖国统一，是中国的内部事务，不受任何外国势力的干涉，从而为反对和遏制"台独"分裂势力分裂国家、促进祖国和平统一提供了法律保障。

吴邦国在讲话中指出，《反分裂国家法》"表明了全中国人民维护国家主权和领土完整，绝不允许'台独'分裂势力以任何名义、任何方式把台湾从中国分裂出去的共同意志和坚定决心"，"具有重大的现实作用和深远的历史影响"。

台湾问题是20世纪40年代后期中国内战遗留的问题。两岸虽然尚未统一，但台湾是中国一部分的地位、大陆和台湾同属一个中国的事实并未改变。解决台湾问题，完成祖国统一大业，是我们党和国家本世纪的三大历史任务之一，关系到中国的国家安全和中华民族的全面复兴。长期以来，中国政府为发展两岸关系、促进国家和平统一进行了不懈的努力。然而，进入20世纪90年代中期后，台湾当局领导人开始加紧推行将台湾从中国分裂出去的一系列"台独"分裂活动，抛出所谓"一边一国论"。进入新世纪后，台湾岛内"台独"势力倒行逆施活动更加猖獗，妄图利用所谓"宪法"和"法律"，通过"公民投票""宪政改造"等方式，强力推行"去中国化"，谋求台湾"独立"，把两岸关系推向危险的战争边缘，严重破坏和平统一前景。针对"台独"分裂活动不断升级的严峻形势，顺应海内外中华儿女的强烈呼声，党中央果断采取了一系列"反独遏独"有力举措。

2003年下半年，有关部门成立针对台湾问题立法的起草工作班子，开始制定《反分裂国家法》。2004年12月，全国人大常委会会议决定将该法的草案提请本次大会审议表决。代表们在审议时认为，面对台湾当局日益加剧的"台独"分裂活动，制定《反分裂国家法》"十分必要适时"。经过多次修改、反复研究，2005年3月14日，十届全国人大三次会议通过这部法律。"法律展现13亿中国人民的共同意志，符合中华民族根本利益。"台湾省籍全国人大代表杨国庆针对法律内容表示，"它充分考虑和尊重了台湾民众的福祉和意愿，相信会得到他们的理解和支持"。

实现祖国完全统一，是全体中华儿女的共同愿望，是中华民族根本利益所在。《反分裂国家法》是中国历史上第一部以法律形式规范反对"台独"分裂活动和促进祖国和平统一的特别法。它的颁布施行，使国家有关对台方针政策法律化，标志着对台政策进入"以法遏独、以法促统"的新阶段，有效遏制了"台独"分裂活动，沉重打击了"台独"分裂势力的嚣张气焰，充分体现了党和国家以最大诚意和尽最大努力争取和平统一的一贯立场，表明了维护国家统一与领土完整的坚定决心，为维护台海和平稳定、促进两岸关系发展、维护广大台湾同胞福祉提供了坚实法治保障。

（本文摘编自新华社《两岸和平统一的"压舱石"——〈反分裂国家法〉实施15周年启示》等报道）

49

北京儿艺的故事

"滴答滴答秒针转，奇迹奇迹快出现！"由改制后的北京儿童艺术剧院股份有限公司（以下简称"北京儿艺"）投资制作的首部儿童剧《迷宫》于 2004 年 5 月 29 日首演后，这句话和剧中的 3 首插曲一起，迅速在北京许多孩子口中传唱。《迷宫》首轮演出 18 场，票房收入 262 万元，场场爆满，最后几场连剧场的过道与走廊上都挤满了兴奋的小观众。

时光倒退到 3 年前，那时北京儿艺的景况可不容乐观，不重视与市场接轨，大家对工作没有热情，编剧的任务由团里任意安排，一部戏排演之前没有对儿童观众需求的市场调查，创作从理念到方式带有明显计划经济痕迹，至于票房收入，大家提都不敢提。2001 年全年票房收入为 67 万元，2002 年为 87 万元，2003 年受非典疫情影响，收入更少。

"能上不能下，能进不能出，能高不能低。"北京市委宣传部的同志用"三能三不能"概括当时传统文化事业单位的沉疴。"国家多给多干，少给少干，不给不干，人浮于事、名存实亡的文化单位在全国并不罕见，严重制约着文化产业的发展。"时任文化部文化产业司司长王永章感慨地说。

只有理论上取得突破，才有文化体制改革的深入推进。谈起文化体制改革，时任中宣部文化体制改革和发展办公室主任张晓虎很是兴奋，"党的十六大明确把公益性文化事业和经营性文化产业分开，这是我们党科学把握文化工作规律，在理论上的重大突破和贡献，为文化体制改革提供了重要的理论基础"。

真正的文化体制改革是从2003年开始的，以转企改制为中心环节，为了稳妥推进，采取了先试点、后推开的方式。北京儿艺便是第一批"吃螃蟹"的。自1986年成立后，北京儿艺曾上演《红领巾》等多部优秀获奖儿童剧，产生一定社会影响力。但随着文化市场竞争的不断加剧，资源单一、力量薄弱、经营机制陈旧、市场意识不足等问题日益凸显。为此，北京市选择北京儿艺作为文化体制改革试点工作的第一个突破口，将北京儿艺由原北京市文化局直属事业单位直接转制为股份制企业，从根本上改革旧的产权关系，引入新的生产经营机制，重塑市场主体。

2004年1月16日，北京儿童艺术剧团正式改制为北京儿童艺术剧院股份有限公司,由北京青年报社控股,北京市文化局下属北京市文化设施运营管理中心、北京市教委下属北京高校房地产开发总公司、北京电视台下属北京电视事业开发集团、北京市文化发展中心4家企业共同参股组成。一个差额拨款文化事业单位,一步到位直接改制成为股份公司。自此,北京儿艺的发展进入现代企业的快行道。

改制后的北京儿艺不负众望,实现了两个飞跃:演出场次由原来每年仅有100多场上升到400多场;总收入由2003年的77万元上升到2005年的5000余万元。同时,职工收入增加,年收入总额从2003年的200万元上升到2005年的600多万元。紧跟北京儿艺之后,2004年8月,北京歌剧舞剧院推进转制改制;2006年9月,中国木偶艺术剧团有限责任公司挂牌……作为全国文化体制改革首批试点地区,北京市抓住重塑文化市场主体这一关键,解决了长期以来国有文化单位游离于文化市场之外的问题,完善文化市场体系,使之成为文化产业持续快速健康发展的有机力量,为全国文化体制改革积累了经验,随后文化体制改革迅速在全国铺开。

根据中央的精神和部署,各地一手抓公益性文化事业,一手抓经营性文化产业,在文化领域进行了大刀阔斧的改革。文化产业从起步到跨越发展,整体规模和实力不断壮大,在国民经济中的比重不断增加。截至2011年,我国文化及相关产业法人单位增加值为 13479 亿元，占国内生产总值比重为 2.85%。2004 年至 2010 年，我国文化产业年均现价增长速度超过了 23%。

（本文改编自《人民日报》刊载的《我国文化体制改革回眸：潮平两岸阔 风正一帆悬》等报道）

50

夺取汶川抗震救灾斗争的重大胜利

在2019年国庆70周年的庆祝活动现场,一位穿着干净漂亮的羌族服饰,名叫郎铮的少年吸引了众人的目光。说起郎铮这个名字,可能没有多少人有印象,但如果说起他的另一个名字,相信不少人都会立即想起这个少年,那就是汶川地震中的"敬礼男孩"。地震发生时,2005年出生的郎铮才刚刚3岁。在被解放军从废墟中救出的时候,小郎铮缓缓抬起手,虚弱地举起了自己的右手,向拯救他的解放军叔叔们敬了个军礼。这一个场景被现场的一名记者拍了下来,命名为"生命的敬礼"。小郎铮,也因此被人们称为"敬礼男孩",成为那场气壮山河、感天动地的抗震救灾战斗中的温暖记忆。

2008年5月12日14时28分,四川省阿坝藏族羌族自治州汶川县境内发生特大地震。这是中华人民共和国成立以来破坏性最强、涉及范围最广、救灾难度最大的一次地震，强度、烈度都超过了1976年的唐山大地震，震级达里氏8级，最大烈度达11度，余震3万多次，涉及四川、甘肃、陕西、重庆等10个省区市的417个县（市、区）、4667个乡（镇）、48810个村庄。

1945年在日本广岛投下的原子弹，能量相当于2万吨黄色炸药。而汶川大地震所释放的能量，约等于400多个这样的原子弹在距离地面10千米的地区猛然炸裂！"汶川大地震让整个世界揪心！"面对如此惨状，外媒也被深深地震惊到了。

地震发生后，在中央统一调度下，全国各路救援大军迅速赶赴灾区，片刻不停地展开了一场紧急的生死救援。时任中共中央总书记胡锦涛第一时间作出重要指示。地震发生不到两个小时，时任国务院总理温家宝从北京南苑机场出发赶赴四川灾区。2008年5月17日晚，胡锦涛在成都召开抗震救灾工作会议强调："当务之急仍然是救人，只要有一线希望，我们都要千方百计地抢救。"

据不完全统计，在汶川特大地震抗震救灾中，解放军陆海空三军总计投入兵力14.6万人、武警部队投入兵力1.4万人、民兵预备役人员投入7.5万人、公安和消防投入警力1万多人、医疗救护人员投入2万多人。84017名群众被从废墟中抢救出来，149万名被困群众得到解救，430多万名伤病员得到及时救治，其中1万多名重伤员被快速转送全国20个省区市的375家医院。

为表达全国各族人民对"5·12"汶川地震遇难同胞的深切哀悼，国务院决定，2008年5月19日至21日为全国哀悼日。在此期间，中国全国和各驻外机构下半旗致哀，停止公共娱乐活动，外交部和我国驻外使领馆设立吊唁簿。美国《洛杉矶时报》刊登文章《悲剧中蕴藏机会》："地震展示了一个新的中国，一个富有同情心又极具竞争力的中国。当局对这场大规模灾难的高效反应令人印象深刻。中国的行动已经表明，只要北京下定决心，它就能取得什么样的成果。"

为加快地震灾后恢复重建，建立灾后恢复重建对口支援机制，《汶川地震灾后恢复重建对口支援方案》2008年6月11日正式由国务院印发，原则为"一省帮一重灾县"。根据这一方案，山东、广东、浙江、江苏等19个省市分别对口支援四川、甘肃、陕西严重受灾的县（市）。各支援省市每年对口支援实物工作量按不低于本省市上年地方财政收入的1%考虑。

2011年5月10日，国务院新闻办举行新闻发布会，国家发展改革委副主任穆虹代表国务院汶川地震灾后恢复重建工作协调小组，通报灾后重建工作的进展情况："经过大约两年的日夜奋战，到2010年9月底，灾后恢复重建实现了'三年任务两年基本完成'的目标。""不敢相信！这真是汶川地震的重灾区吗？怎么一点都看不出地震的痕迹！"美国客人、芝加哥湖岸旅行社总经理贝蒂，2011年在震后重建的四川汶川水磨镇参观后，发出了这样的感叹。

面对突然而至的天灾，中国人民不仅谱写了抗震救灾的英雄凯歌，更创造了恢复重建和发展振兴的历史性成就，生动展现了在改革开放中不断发展壮大的中国共产党和中国社会主义国家政权的伟大力量，展现了阔步前进的13亿中国人民的伟大力量，展现了改革开放的伟大力量。

（本文改编自瞭望智库《汶川地震首次暴露中国的惊人战争动员能力，世界为之震撼！》等报道）

51

国共两党领导人 60 年来首次会谈

2005 年 4 月 26 日下午 5 时，中国国民党主席连战牵着夫人的手，迎着南京午后灿烂的阳光和近千人的欢迎队伍，缓缓走下专机舷梯。"南京和台北相距不远，但刚才飞机落地的时候，让我想起来，这次访问离上一次到南京来，相隔了整整 60 年，所以我看到大家有一种相见恨晚的感觉。"在南京禄口机场停机坪发表讲话时，连战发表了上述感言。4 月 29 日，中国国民党主席连战率团抵达北京。下午 3 时，中共中央总书记胡锦涛在人民大会堂北大厅会见中国国民党主席连战一行，实现了两党最高领导人相隔 60 年后的历史性握手。胡锦涛强调，这次来访是中国共产党和中国国民党关系史上的一件大事，也是当前两岸关系当中的一件大事，既标志着两党的交往进入了新的发展阶段，也体现了我们两党愿共同促进两岸关系发展的决心和诚意,必将记载在两岸关系发展的史册上。

两党一小步,民族一大步。此次会谈是两岸同胞在坚持"九二共识",反对"台独"的基础上,求同存异,努力通过协商、对话推动两岸关系发展的积极探索;是两岸同胞在和平与发展的时代潮流中,用中国智慧解决中国人自己的事情的生动实践。它掀开了两党关系史上新的一页,对于台海局势、两岸关系的发展,都产生了重大影响,受到了两岸同胞的广泛认同,也得到了国际社会的高度评价。澳门《正报》发表评论文章说,两党相隔逾半个世纪的首次会谈,虽不会一下子解决所有问题,但只要打开沟通渠道,两岸关系必能往正面方向发展。美国华文报纸《侨报》发表社论说,用"轰动"二字来形容国共两党领导人60年来的第一次握手,丝毫也不为过。在不同道路、不同环境下各自走了半个多世纪的对手,终于正视现实,决定互信互助,共创未来,这对两岸乃至地区和世界,都具有重大意义。

这次会谈取得显著成效。会后双方共同发布《两岸和平发展共同愿景》,达成五项共识:一是在"九二共识"的基础上尽速恢复平等协商,共谋两岸人民福祉;二是促进终止敌对状态,达成和平协议,建构两岸和平发展架构;三是促进两岸经济全面交流,建立两岸经济合作机制;四是促进协商台湾民众关心的参与国际活动的问题；五是建立党对党定期沟通平台。

会谈后，中国大陆在两岸和平交往方面出台了一系列政策，两岸合作更加密切，两岸关系呈现和平发展的良好势头。2006年4月15日，中共中央台办授权宣布和通报大陆方面将进一步采取促进两岸交流合作、惠及台湾同胞的15项政策措施。2008年12月15日，海峡两岸分别在北京、天津、上海、福州、深圳以及台北、高雄、基隆等城市同时举行海上直航、空中直航以及直接通邮的启动和庆祝仪式。特别是2010年6月签署的《海峡两岸经济合作框架协议》，确立了两岸加强经济、贸易和投资的目标措施和具体步骤，标志着两岸经济关系步入了正常化、制度化轨道。

中国政府还妥善处理台湾参加世界卫生大会、亚太经合组织领导人非正式会议等问题，进一步增进和关照台湾同胞福祉，这一系列的善意举措，赢得了岛内民众的欢迎与赞誉，增进了两岸同胞的血肉感情，为维护两岸和平、促进两岸发展，推进祖国统一大业发挥了重要的作用。

（本文改编自新华网《美国等国官员和媒体高度评价胡锦涛和连战的会晤》等报道）

52

推行营养餐计划

位于六盘山下的宁夏隆德县联财镇中心小学,地处隆德县城最西端的渝河川道区。过去受经济条件限制和生活习惯影响,不少家庭大多是早晚两顿土豆面,只有逢年过节招待客人才吃几顿肉菜。学校大部分学生更是早上饿肚子,中午啃点儿自带的干馕;如今,学生只需带一个文具盒和一个书包就可以去上学,午饭是好吃又营养的营养餐。贵州省瓮安县永和小学校长陈绍武也有同样切身的感受:"过去一些孩子住得比较远,10公里山路走回家起码两个小时,中午饭就在路边摊随便买一点,或者干脆饿着肚子上课。现在有了营养餐,每个孩子都能吃饱吃好。"

这一切都源于2011年开始实施的农村义务教育学生营养改善计划。这一年,为改善贫困地区和家庭经济困难学生营养健康水平,根据国务院的决策部署,教育部会同财政部等

15个部门启动实施了农村义务教育学生营养改善计划。根据这项计划，学校需要为学生们提供完整的午餐，无法提供午餐的学校可以选择加餐或课间餐。供餐食品特别是加餐应以提供肉、蛋、奶、蔬菜、水果等食物为主。

营养改善计划实施以来，中央和各级部门不断强化制度建设，持续稳定投入，切实抓好食品和资金"两个安全"，确保营养改善计划稳妥有序实施。2011—2019年，中央财政累计安排营养膳食补助资金1472亿元。目前，全国有29个省份1762个县实施了营养改善计划，覆盖农村义务教育阶段学校14.57万所，占农村义务教育阶段学校总数的84.12%；受益学生达4060.82万人，占农村义务教育阶段学生总数的42.4%。

确保每一份营养餐都吃得安全，每一元钱都吃到学生嘴里，始终是营养改善计划实施过程的重中之重。在计划实施过程中，各地均建立起食品安全责任制和责任追究制度，对供餐企业实行严格准入和退出机制，将不合格的供餐企业列入"黑名单"；建立并落实了学校膳食委员会、校长（教师）陪餐等制度。每年新学期开学前，云南省玉龙县九河中学都会邀请学生家长参加试餐大会。"让大家都参与到对学校食堂的监督中来，保证供餐质量。"九河中学校长杨石生说。

在保证安全的同时，如何切实提高学生的营养状况，也一直是中央关心的问题。2019年底，教育部、国家发展和改革委员会等部门联合印发的《关于进一步加强农村义务教育学生营养改善计划有关管理工作的通知》专门提出"加强营养健康教育""做好营养健康监测"。一方面，要求各地教育、卫生健康行政部门加强营养膳食指导，加大对食堂从业人员培训力度，建立健全营养配餐制度；另一方面，进一步加强学生营养健康状况监测评估，切实增强学生营养改善工作的针对性、有效性。

2021年5月，教育部教育督导局（国务院教育督导办）发布的《农村义务教育学生营养改善计划实施情况总结报告》显示，学生营养健康状况得到显著改善，身体素质得到明显提升。据中国疾病预防控制中心跟踪监测数据，2019年，营养改善计划试点地区男生、女生各年龄段平均身高比2012年分别提高1.54厘米和1.69厘米，平均体重分别增加1.06公斤和1.18公斤，高于全国农村学生平均增长速度。

儿童是民族的希望、国家的未来，儿童营养和健康状况直接关系到一个国家的人口素质、发展水平和国际竞争力。世界银行的研究表明，营养不良造成的智力发育障碍、劳动能力低下以及各种疾病造成的直接经济损失占GDP的3%—5%。小小营养餐，关系的是一代人成长乃至国家和民族未来的大命题，见证着改革开放的伟大力量。

（本文改编自《人民日报》刊载的《实施营养改善计划以来，中央财政累计投入1472亿元，覆盖29个省份1762个县，4000万农村娃吃上了营养餐》）

53

中国海军首次亚丁湾护航

2008年12月26日13时45分，在"武汉"号指挥舰的带领下，由两艘导弹驱逐舰、一艘综合补给舰、两架舰载直升机和部分特战队员组成的海军护航编队缓缓离开码头，驶向大海。从这一刻起，中国海军护航编队将穿行4400多海里，横跨太平洋、印度洋两个大洋，赴亚丁湾、索马里海域开展护航任务。这是一个历史性的时刻，前来为广大官兵送行的中央军委委员、海军司令员吴胜利说，这是我国首次使用军事力量赴海外维护国家战略利益，是我军首次组织海上作战力量赴海外履行国际人道主义义务，也是我海军首次在远海保护重要运输线安全。

约600年前，中国航海家郑和率领船队穿马六甲海峡、过曼德海峡，沿着亚欧大陆的南缘航行，访问了40多个国家,最远抵达了非洲东岸,开辟了"海上丝绸之路"。今天的索马里境内,仍保留着一个名叫"郑和村"的地方。

郑和昔日拜访过的索马里海域,如今却因海盗猖獗而成为世界的焦点。2007年有300多艘船只在该海域遭海盗劫持或袭击。索马里海域猖獗的海盗活动,也让中国深受其害。

2008年初至11月,我国有1265艘次商船通过这条航线,平均每天三四艘次,20%受到过海盗袭击。

频繁发生的海盗袭击事件,严重危及我国过往船只和人员的安全,对我国的国家利益构成重大威胁。针对亚丁湾、索马里海域的海盗行为,联合国安理会先后通过多项决议,呼吁和授权世界各国到亚丁湾、索马里海域打击海盗。在联合国的呼吁和授权下,已有多个国家派出海军舰艇前往这一海区执行巡逻任务。我国派遣军舰赴该海域护航,正是根据国际法和联合国安理会有关决议采取的行动。联合国前秘书长潘基文指出:"中国海军派舰艇赴亚丁湾护航,是对国际社会打击索马里海盗行动给予的有力支持,这体现了中国在国际事务中发挥的重要作用。"

"我是中国海军护航编队,如需帮助,请在16频道呼叫我。"自2008年以来,这条以汉英两种语言播发的通告从未间断,一直回响在亚丁湾索马里海域上空,已然成为航经中外商船的"平安之音"。2017年4月,中国海军第25批护航编队玉林舰接到通报:图瓦卢籍商船"OS35"号在亚丁湾索科特拉岛西北海域遭海盗劫持。随即，玉林舰向事发海域高速机动，16名特战队员登上"OS35"号，抓捕3名海盗，成功解救出19名被困船员。

13年来，中国海军护航编队持续保持着被护船舶和编队自身"两个百分之百安全"的纪录，赢得了外国海军同行的尊重，也展示了中国海军的大国风范。迄今，中国海军先后向亚丁湾、索马里海域派出38批护航编队，110余艘次舰艇，3万余名官兵，护送中外船舶7000余艘次，助力这片世界上"最危险海域"重新成为"黄金航道"，用实际行动展现了中国军队的大国担当。

除了承担护航任务外，中国海军护航编队也被赞誉为"传播和平的使者"。茫茫亚丁湾上，中国海军护航编队在护航期间与美国、欧盟以及俄罗斯等护航编队积极开展交流，增进了与相关各方的友好互信。护航结束后，中国海军护航编队积极开展访问活动，增进与到访国之间的友好关系。2015年4月3日，由济南舰、益阳舰和千岛湖舰组成的152舰艇编队完成护航任务后，赴埃及、瑞典、美国、古巴、澳大利亚等13国进行环球访问，此次任务历时309天，航经三大洋五大洲，靠泊16国18港，任务航程之远、途经海域之广、时间跨度之长、访问国家之多均创人民海军历史之最。

（本文改编自新华网《海阔天空破浪行——中国海军护航编队起航侧记》等报道）

54

"金砖国家"合作机制：
为发展中国家代言

"我从未想到'金砖'一词如此流行，并成为描绘新兴市场国家崛起、世界趋势变化的符号。"抚今追昔，"金砖"一词的首创者、英国经济学家吉姆·奥尼尔感慨万千。经过10年发展，到2017年，金砖国家国土面积占世界领土面积的29.6%，人口占世界总人口的42.6%，经济总量占全球的比重从12%上升到23%，对世界经济增长的贡献超过50%。

"金砖国家"最初是指巴西、俄罗斯、印度和中国四国。因为这四个国家英文首字母组成的"BRIC"一词，其发音与英文"BRICK"（砖块）非常相似，所以被称为"金砖四国"。2010年12月，四国在协商一致的基础上，正式吸收南非加入机制。机制英文名称为"BRICS"。"金砖四国"也因此改称为"金砖国家"。金砖机制的诞生,是世界格局和力量对比演变的必然结果;金砖机制的发展,预示着新兴市场和发展中国家在全球治理中的地位和作用不断提升。时至今日,金砖国家已经成为促进世界经济增长、推动全球秩序变革、维护世界和平稳定的关键力量,开放、包容、合作、共赢的金砖精神照亮共同发展之路。

金砖国家均是新兴市场国家,虽国情不同、文化各异、地理位置相隔甚远,但在许多国际和地区问题上有着相同或相似看法。2008年9月国际金融危机爆发后,金砖国家间接触更为频繁。为应对金融危机,巴西、俄罗斯、印度和中国四国领导人于2009年6月16日在俄罗斯举行首次正式会晤。金砖国家间的合作机制正式启动。

2009年6月,金砖国家领导人在俄罗斯举行首次正式会晤。这次会晤正式启动了金砖国家之间的合作机制。随后的几年,金砖国家合作已形成以领导人会晤为引领,以安全事务高级代表会议、外长会晤等部长级会议为支撑,在经贸、财政、金融、农业、教育、卫生、科技、文化、禁毒、统计、旅游、智库、友城、地方政府合作等数十个领域开展务实合作的多层次架构。

2013年初,习近平就任国家主席后赴南非德班首次出席金砖国家领导人会晤。这是习近平作为中国最高领导人首次亮相国际多边舞台。此次会晤的主题是"金砖国家与非洲：致力于发展、一体化和工业化的伙伴关系"。习近平发表了题为《携手合作，共同发展》的主旨讲话，就会晤主题阐发中国主张。他强调，"不管国际风云如何变幻，我们都要始终坚持和平发展、合作共赢。不管国际格局如何变化，我们都要始终坚持平等民主、兼容并蓄。不管全球治理体系如何变革，我们都要积极参与，发挥建设性作用"。

2017年9月4日，厦门国际会议中心。世界瞩目下，金砖国家领导人第九次会晤拉开大幕。习近平发表题为《深化金砖伙伴关系 开辟更加光明未来》的重要讲话，积极评价金砖合作走过的10年光辉历程，强调要开启金砖合作第二个"金色十年"，使金砖合作造福五国人民，惠及各国人民。从经济金融、政治安全到人文交流，中国行动打造金砖合作新支柱，开启"三轮驱动"新阶段。

"孤举者难起，众行者易趋。"金砖国家不是封闭的俱乐部，只有不断扩充"朋友圈"，前进之路才能越走越宽。金砖合作的意义已远远超出五国，具有全球性影响。通过金砖平台推动新兴市场和发展中国家加强团结合作，符合各国共同利益。金砖国家领导人会晤机制，为金砖国家之间的合作与发展提供了政治指引和强大动力。金砖合作之所以得到快速发展，关键在于互尊互助，携手走适合本国国情的发展道路；秉持开放包容、合作共赢的精神，持之以恒推进经济、政治、人文合作；倡导国际公平正义，同其他新兴市场国家和发展中国家和衷共济，共同营造良好外部环境。

（本文改编自新华社《金砖国家合作机制的"前世今生"》《让金砖之光照亮未来——写在金砖国家领导人厦门会晤开幕之际》等报道）

55

海南经济特区：
打造中国"最开放的天空"

"我们正在搞一个更大的经济特区，这就是海南岛经济特区。""海南岛好好发展起来，是很了不起的。"邓小平在1987年6月12日会见外宾时表示。1988年4月13日，七届全国人大一次会议正式批准设立海南省和建立海南经济特区。带着老一辈革命家的殷切嘱托，带着党中央的深切期望，海南扬帆起航，开启了探索经济特区改革开放的全新之路，奏响了波澜壮阔的发展乐章。

建省之初，海南与深圳、珠海、厦门、汕头等城市经济特区有明显的差异，属于典型的城乡二元结构，农村人口多达80%，黎族、苗族等少数民族100多万人，长期属于我国最贫穷落后的地区之一。建省时海南人均分配水平只有全国分配水平的83%，85%的商品靠内陆城市调进，17%左右的人口未解决温饱问题。中部山区甚至还没有脱离"刀耕火种"的生产方式。很多"老海南"回忆，建省前海口没有一个红绿灯，用电奇缺，蜡烛是海口居民家中的必需之品。"就是一根铁钉也要到岛外去买。"

30年来，海南主要经济指标实现了数十倍甚至百倍的增长。与建省前的1987年相比，2017年全省地区生产总值增长21.8倍，地方一般公共预算收入增长226.8倍，城乡居民收入分别增长30.3倍和24.7倍。2000年海南省率先实行落地签证政策，2003年在全国率先开放第三、四、五种航空运输业务。全球最大单体免税店、世界首条环岛高铁、中国首支旅游警察、中国首家亚特兰蒂斯酒店……自2010年起，海南国际旅游岛建设正式扬帆起航，这些独一无二的标签不断诠释着国际旅游岛的发展进程。2016年1月，海南被确定为中国首个全域旅游创建示范省，通过对全域旅游的探索，为中国旅游业转型升级提供经验。如今，海南成为中国最开放的地区之一。

2018年海南建省办经济特区30周年。4月13日，习近平出席庆祝海南建省办经济特区30周年大会，向全世界宣布，中央赋予海南经济特区改革开放新的重大责任和使命，支持海南全岛建设自由贸易试验区，逐步探索、稳步推进中国特色自由贸易港建设。这是习近平亲自谋划、亲自部署、亲自推动的重大国家战略,是党中央着眼于国际国内发展大局,深入研究、统筹考虑、科学谋划作出的重大决策,是我国扩大对外开放、积极推动经济全球化的重大举措。11月5日,习近平在上海进口博览会开幕式上再次重申:中国将抓紧研究提出海南分步骤、分阶段建设自由贸易港政策和制度体系,加快探索建设中国特色自由贸易港进程。30年沧桑巨变,昔日的海角天涯,实现了历史性的跨越,深刻地改变着中国的发展版图。专家评价说,海南的发展是中国改革开放的奇迹之一。

2020年6月1日,《海南自由贸易港建设总体方案》公布,中国特色自由贸易港建设迈出关键一步。海南自贸港力求实现最高水平开放,显示出中国长期以来坚持的全方位融入世界经济的政策不会动摇,中国会通过不断加大开放力度,继续参与世界经济发展。随着系列政策陆续落地并释放效应,海南全面开放新格局,正从"总蓝图""规划图"加快变成"施工图""实景图"。

"中国的海南、亚洲的博鳌、世界的三亚",成为今天海南影响力的重要标识。如今,海南是国内五星级酒店最密集的省份,旅游硬件设施毫不逊色于世界驰名旅游目的地。粤海铁路通道投入使用,开通近200条国内外航线、337条海上货运航线、14条邮轮航线……天涯不再遥远。岛内建起了世界首条环岛高速铁路,田字高速公路网络即将成型,全岛实现了 3 小时经济生活圈。2017 年海口美兰国际机场和三亚凤凰国际机场旅客吞吐量分别突破 2000 万人次和 1938 万人次。

"海南 30 年的发展历程是我国改革开放 40 年的一个缩影。"中国（海南）改革发展研究院院长迟福林等专家认为，作为"试验田""排头兵"，海南在改革开放这个伟大创举中镌刻下众多彪炳史册的探索印记，经验和启示良多。

（本文摘编自新华社《海南特区改革开放 30 年纪实》《海南自由贸易港建设开局观察》等报道）

56

中国—东盟自贸区建成

广西东兴、云南畹町等边境口岸，一辆辆大货车排队等待通关；北部湾港钦州码头，不时有满载货物的巨轮靠岸停泊，装卸货物的车辆进出有序，港口一派繁忙气象；中国东兴与越南芒街隔河相望，北仑河静静流淌，口岸附近的万众国际批发市场吸引着众多商人，东盟国家的货物经这里源源不断发往中国。由于受新冠肺炎疫情冲击相对较小，中国和东盟贸易一如既往地强劲。中国—东盟自贸区建成十年来，双边货物、服务贸易高速增长，产业链、供应链、价值链深度融合，自贸区用"黄金十年"惠及19亿人口，给世界经济注入新的强大推动力，成为区域经济一体化典范。

早在1991年，中国就已经同东盟开启对话进程。1996年，中国成为东盟全面对话伙伴国。1997年12月，中国与东盟领导人确定了中国、东盟建立面向 21 世纪睦邻互信伙伴关系。2001 年，为促进同东盟国家的经济交流与发展，中国首倡并大力推动建立"中国—东盟自由贸易区"，得到东盟国家的积极响应。3 月，中国—东盟经济合作专家组正式成立。11 月，在第五次中国—东盟领导人会议上中国和东盟达成共识，并正式宣布共建中国—东盟自由贸易区。

2002 年 11 月，中国与东盟签署《中国—东盟全面经济合作框架协议》，确定了双边合作的总体目标、行动准则和合作领域，并正式启动中国—东盟自由贸易区建设进程。2004 年 11 月，中国和东盟签署了《货物贸易协议》，规定自 2005 年 7 月起，除 2004 年已实施降税的早期收获产品和少量敏感产品外，双方将对其他约 7000 个税目的产品实施降税。2007 年 1 月，中国与东盟在菲律宾宿务签署了《服务贸易协议》，双方在 60 多个服务部门相互作出了高于世界贸易组织水平的市场开放承诺。2009 年 8 月，中国与东盟十国在泰国曼谷举办的第八次中国—东盟经贸部长会议上共同签署了中国—东盟自贸区《投资协议》，双方开始开放投资市场。协议的签署标志着双方成功完成了中国—东盟自贸区协议的主要谈判。

按照《中国—东盟全面经济合作框架协议》的时间框架，2010 年 1 月 1 日，中国—东盟自由贸易区如期正式启动。这片拥有 19 亿人口、近 6 万亿美元国内生产总值、4.5

万亿美元贸易总额的自由贸易区,开始步入零关税时代。中国—东盟自贸区是世界第三大自由贸易区、人口最多的自由贸易区,也是发展中国家之间最大的自由贸易区。时任东盟秘书长的素林指出,自贸区正式启动后,东盟同中国之间的经贸合作将进一步加强,双方的贸易关税将进一步降低,同时相互间的投资也会更加自由。

近年来,中国不断扩大对外开放、推进自贸区建设,构建联通世界各地的经贸格局。南宁国际铁路港一派繁忙,东盟国家的特色水果、电子产品、日用品通过中越班列到此集结后,再发往全国各地或经重庆发往欧洲,而国内和欧洲的玻璃、棉纱、电子元件、柴油机等货物在这里集结后,经凭祥发往越南等东盟国家;钦州铁路集装箱中心站港口作业区同样忙碌,这个海上运输、铁路运输、公路运输无缝衔接的枢纽站,可实现运输货物"下船即上车、下车即上船";西部陆海新通道建设持续释放北部湾港活力,重庆、云南、贵州等西部省市经北部湾港发往全球的货物总量迅速增长;作为中国面向东盟的门户港,北部湾港已开辟28条外贸航线,覆盖东南亚、东北亚以及南美和非洲部分港口。

2020年上半年,我国与东盟进出口总值2.09万亿元人民币,同比增长5.6%,占我国外贸总值的14.7%。东盟取代了欧盟成为我国第一大贸易伙伴,中国与东盟实现互为第一大贸易伙伴的历史突破，中国—东盟自贸区成为全球经济增长的重要"引擎"。建设中国—东盟自贸区是中国在加入世界贸易组织不久后进一步扩大对外开放的重大举措，开创了中国对外商建自贸区的先河，为中国构建全方位对外开放格局作出重要探索。

57

2010年上海世界博览会

　　1982年，美国诺克斯维尔世博会的主题是"能源：世界的原动力"，新中国第一次参加世博会，除工艺美术品外，还展示了太阳能热水器、沼气炉等新能源技术。此后，中国不断学习如何结合世博主题表达自己：1986年加拿大温哥华世博会，中国馆首次应用声、光、电等现代科技；1988年澳大利亚布里斯班世博会，中国既有古典牌楼，也有360度环幕电影；1992年热那亚世博会主题是"船舶与海洋"，中国由古及今洋洋洒洒演绎航天科技。自1982年开始参加世界博览会以来，中国馆作为展示我国综合国力、经济发展、科技进步及悠久历史文化传统的窗口，受到了各国观众的热烈欢迎和高度评价。

　　2001年，我国全面启动申办2010年上海世博会主办权的活动。5月,中国驻法国大使吴建民来到位于法国巴黎市中心16区的国际展览局驻地,向国际展览局秘书长洛塞泰斯正式递交中国申办2010年上海世界博览会的申请函。这是国际展览局收到申办2010年世博会的第一份正式申请函。当时提出申办2010年注册类世博会的国家有六个:中国(上海)、韩国(丽水)、俄罗斯(莫斯科)、墨西哥(克雷塔罗)、波兰(弗罗茨瓦夫)和阿根廷(布宜诺斯艾利斯),是世博会有史以来申办候选国家最多的一次。

2010年上海世博会的主题确定为"城市,让生活更美好"。这一主题在世博会历史上第一次采用,也体现了主办地上海的特点。上海开埠已有700多年历史。从20世纪90年代开始,上海以浦东开发为契机,城市建设和社会经济等方面实现了跨越式发展,成为融汇东西方文化的国际化现代大城市,展示出特有的都市风采。综合经济、社会、文化、环境多种因素,申办规划中的世博会举办场地最终选址于黄浦江两岸地区。

2002年12月3日,在第132次大会投票前,申办国代表团分别在大会上围绕各自的申办主题进行了陈述发言。国展局89个成员国以无记名投票方式,对候选城市进行了投票表决。最终,国际展览局主席诺盖斯郑重宣布,在摩纳哥举行的国展局第132次大会举行了四轮投票,中国上海在第四轮投票中赢得54票,以88%的得票率胜出,成为2010年世博会的主办城市。当消息传出时，等候在格林马迪会议宫内外的全体中国人欢呼雀跃，相互致贺。

2010年4月30日晚，上海世博会盛大开幕。在此后的184天里，来自246个国家、国际组织的参展方，通过展示、论坛、表演等形式，一起探讨城市未来的发展前景，共同谱写了一曲人类文明和谐共生的激情乐章，生动诠释了"理解、沟通、欢聚、合作"的世博会理念。7300多万人次的中外参观者，在上海联手托起了一个冉冉升起的环球梦想。

上海世界博览会，是继北京奥运会后，我国举办的又一国际盛会，也是国展局成立150多年来首次在一个发展中国家举办的世博会。上海世博会的成功举办，彰显出了社会主义集中力量办大事的制度优势，以及全国各族人民齐心协力、全力以赴的进取精神，展示出了令世人尊敬的中国精神，留下了不可估量的精神财富。

58

辽宁舰与山东舰入列

航母是当代大国标志之一，也是战争的主角，是所有临海国家都渴求的武器。作为巨大的载机平台，拥有航母就拥有制空、制海作战能力，意味着一支海军具有了岸基航空兵作战半径外的防御能力。这对于提高海军综合作战力量现代化水平，增强防卫作战能力，发展远海合作与应对非传统安全威胁能力具有重要意义。中国人民解放军海军目前拥有两艘航空母舰，分别是辽宁舰和山东舰。

1985 年，辽宁舰的前身瓦良格号航空母舰在乌克兰开工建造。在建设周期中，苏联解体，工程被迫中断，俄罗斯后将此舰移交给乌克兰。1999 年，中国购买了这艘航空母舰，几经辗转于 2005 年 4 月交付大连造船厂进行更改安装及后续建造。2012 年 9 月 25 日，我国第一艘航空母舰按计划完成建造和试验试航工作，正式交付海军。经中央军委批准，这艘航母被命名为"中国人民解放军海军辽宁舰"，舷号为"16"。辽宁舰的正式交付，是海军装备建设新的发展成果，实现了中国航母"零"的突破，开启了以航母战斗群体系为中心的海军舰艇新发展模式。航母入列，对于提高中国海军现代化水平、增强防卫作战能力，发展远海合作与应对非传统安全威胁能力，维护国家主权、安全和发展利益，促进世界和平与发展具有重要意义。

2019年12月17日，我国第一艘国产航空母舰山东舰在海南三亚某军港交付海军。中共中央总书记、国家主席、中央军委主席习近平出席交接入列仪式并登舰视察。对于中国人来说，12月17日是一个非常特殊的日子。131年前的1888年12月17日，北洋水师在威海刘公岛正式组建，具有重要的历史意义。经中央军委批准，我国第一艘国产航母命名为"中国人民解放军海军山东舰"，舷号为"17"。山东舰立足国内自主设计建造，重点解决了航母总体设计、船体建造、主动力装备、国产化研制等问题，提高了综合作战效能和综合保障水平。虽然两艘航空母舰在外形上颇为相似，但是山东舰有了很大的改进，最大的区别就是舰载机规模将会扩大，而舰载机的增多将会使山东舰的战斗力进一步增强。山东舰作为中国自行设计的航母，增加了机库容积，公开信息显示，国产航母至少可以搭载36架歼-15舰载机，相比辽宁舰，数量提升了50%。山东舰入列对加快海军转型建设意义重大。

国产航母入列是近年来尤其是党的十八大以来，我军武器装备现代化建设实现跨越式发展的生动写照。从歼-20到运-20再到直-20，从国产新型万吨驱逐舰到国产航母，从升级换代的"陆战之王"到全新亮相的"东风快递"，越来越多的新型现代化装备列装部队，官兵们执掌的大国重器越来越多，打赢战斗的底气越来越足，捍卫和平的能力越来越强。发展航母事业，提升保卫世界和平的能力，是中国履行国际义务的必然要求。在联合国安理会5个常任理事国中，我国派出的维和军事人员最多。中国军队强大了，是世界和平力量的壮大。历史已经证明并将继续证明这一点。

59

人类命运共同体的提出

世界面临百年未有之大变局，人类发展又来到十字路口。在疑虑与喧嚣声中，中国没有辜负世界的期望。命运与共，大道不孤。进入新时代以来，促进全球问题解决、推进人类共同利益发展、维护更加公正合理的国际秩序，中国从不缺席。习近平在长期思考中，向国际社会郑重提出了中国方案——构建人类命运共同体，实现共赢共享。

2013年3月23日，习近平在俄罗斯莫斯科国际关系学院首次向世界提出"人类命运共同体"重大倡议，呼吁国际社会树立"你中有我、我中有你"的命运共同体意识。2015年9月28日，习近平在联合国总部出席第70届联合国大会一般性辩论时，发表题为"携手构建合作共赢新伙伴 同心打造人类命运共同体"的演讲，提出打造人类命运共同体的

"五位一体"总路径和总布局：倡导建立平等相待、互商互谅的伙伴关系；营造公道正义、共建共享的安全格局；谋求开放创新、包容互惠的发展前景；促进和而不同、兼收并蓄的文明交流；构筑尊崇自然、绿色发展的生态体系。2017年1月18日，习近平在日内瓦出席"共商共筑人类命运共同体"高级别会议并发表主旨演讲，主张共同推进构建人类命运共同体伟大进程，坚持对话协商、共建共享、合作共赢、交流互鉴、绿色低碳，建设一个持久和平、普遍安全、共同繁荣、开放包容、清洁美丽的世界。2月10日，构建人类命运共同体理念首次载入联合国决议，3月17日首次载入联合国安理会决议，3月23日首次载入联合国人权理事会决议。

宇宙只有一个地球，人类共有一个家园。面对动荡不定的大世界，面对百年不遇的大变局，没有哪个国家能够独自应对人类面临的各种挑战，也没有哪个国家能够退回到自我封闭的孤岛。习近平强调，这个世界，各国相互联系、相互依存的程度空前加深，人类生活在同一个地球村里，生活在历史和现实交汇的同一个时空里，越来越成为你中有我、我中有你的命运共同体。各国要同舟共济、和衷共济，在追求本国利益时兼顾他国合理关切，在谋求本国发展中促进各国共同发展，建立更加平等均衡的新型全球发展伙伴关系，增进人类共同利益，共同建设一个更加美好的地球家园，开创人类更加光明的未来。

构建人类命运共同体是习近平外交思想的核心理念。这一理念为人类社会实现共同发展、持续繁荣、长治久安绘制了愿景，反映中外优秀文化和全人类共同价值追求，顺应人类社会发展进步的时代潮流，成为新时代中国外交的一面鲜明旗帜。这一理念超越社会制度和发展阶段的不同，站在全人类整体利益的高度审视国与国关系，展现了世界情怀和全球视野，是新时代中国外交追求的崇高目标。

　　构建人类命运共同体的理念集中民胞物与、立己达人、协和万邦、天下大同等中华优秀传统文化智慧，体现中国致力于为世界和平与发展作出更大贡献的崇高目标。中国提出推动构建人类命运共同体，不是外交辞令，而是实现中华民族伟大复兴中国梦的内在要求。习近平强调，中国将推动构建新型国际关系，推动构建人类命运共同体，这是中国特色社会主义理念的应有之义，是新时代中国外交追求的目标，也是世界各国共同努力的方向。

60

上海自由贸易试验区成立

把坐标定格在长江入海口,向东远眺,巨轮满载货物驶向全球;向西回望,林立的高楼勾勒出城市美丽的天际线。浦东是我国对外开放的窗口,也是我国制度创新、机制创新、科技创新等领域的前沿阵地,为我国改革开放作出了突出贡献。这片热土,就是中国首个自贸区——上海自贸区。

上海自贸区是中国政府设立在上海的区域性自由贸易园区,位于浦东境内,属中国自由贸易区范畴。2013年9月,上海自由贸易试验区正式成立,总面积28.78平方公里,涵盖上海市外高桥保税区、外高桥保税物流园区、洋山保税港区和上海浦东机场综合保税区四个海关特殊监管区域。截至2014年11月底,上海自贸试验区一年投资企业累计2.2万多家、新设企业近1.4万家、境外投资办结160个项目、中方对外投资额38亿美元、进口通关速度快41.3%、企业盈利水平增20%、设自由贸易账户6925个、存款余额48.9亿元人民币。

2014年12月,全国人大常务委员会授权国务院将自贸区面积扩展到120.72平方公里,涵盖上海市外高桥保税区、外高桥保税物流园区、洋山保税区、上海浦东机场综合保税区、金桥出口加工区、张江高科技园区和陆家嘴金融贸易区七个区域。2015年,上海自由贸易试验区已成为世界自由贸易区联合会荣誉会员。

上海自贸试验区自挂牌以来,在政府职能转变、金融制度、贸易服务、外商投资和税收政策、人才入籍与落户等领域制定了多项改革措施,为上海市及全国经济发展开辟了新的试验田。制度创新上,率先启动"证照分离"改革试点,有效完成116项改革任务,大幅度降低准入门槛;减少审批流程,95%的海运货物可实现两天内入关,95%的空运货物可实现12小时内入关;设立我国第一家海外人才局,颁发了全国首张外籍人才长期居留许可证;出台人才新政"35条",进一步提高外籍人才通行和居留便利。与此同时,上海自贸试验区也是我国对外开放的再升级。2018年4月,中国人民银行行长易纲宣布了中国金融业扩大开放12项举措。上海自贸试验区积极响应国家号召,6月21日出台《中国(上海)自由贸易试验区关于扩大金融服务业对外开放进一步形成开发开放新优势的意见》，25条措施覆盖吸引外资金融机构集聚、便利外资金融机构落户等六方面，凸显出上海自贸试验区在扩大金融业对外开放中的"试验田"作用。除了金融开放之外，上海自贸试验区在服务国家战略，推动"一带一路"投资等领域也发挥了重要作用。目前，上海自贸试验区已经成为我国对外开放的新高地和创新驱动发展的领头羊。

通过建立自由贸易试验区，以开放促改革，建立融入全球新格局新规则的"倒逼"机制，实现我国开放型经济的转型升级。上海自贸试验区的发展，是中国在改革开放新的历史条件下，立足国家战略需要、适应经济全球化新形势、更高层次推进改革开放的积极尝试，是中国主动顺应全球化经济治理新格局的重大举措，是不断深化改革探索道路上的又一次成功实践。

61

钢铁驼队：中欧班列

昔日的丝绸古道上，奔驰着一列列中欧班列"钢铁驼队"。中国铁路与时间赛跑，分秒必争，让载着希望与爱心的中欧班列以最快速度抵达目的地，为各国疫情防控争取宝贵时间。我们张开双臂拥抱世界、博采众长发展自己，我们也坚持"美美与共""兼济天下"，欢迎别人搭乘中国发展的"快车""便车"。中国人民与世界人民的美好梦想息息相通、交相辉映。

2016年6月8日，中国铁路正式启用中欧班列统一品牌标识。印上统一品牌标识的中欧班列当日分别从重庆、成都、郑州、武汉、长沙、苏州、东莞、义乌八地始发。从此，我国开往欧洲的所有中欧班列全部采用这一标识。中欧班列品牌标识以奔驰的列车和飘扬的丝绸为造型，融合中国铁路路徽、中国铁路英文缩写、快运班列英文字母等元素，以中国红、力量黑为主色调，凸显中国铁路稳重、诚信、包容、负责和实力的品牌形象。统一品牌正式发布启用至今仅5年间，中欧班列累计开行超4万列，运输货品达5万多种，合计货值超过2000亿美元，为沿线数亿民众送去了实惠。中欧班列运送货物货值占中欧货物贸易的比重从2015年的1%增至2020年的7%，成为沿线国家广泛认同的国际公共产品。增势之猛、运行之稳，无一不彰显这颗国际运输市场新星的光彩耀人。

中欧班列搭建了一条"生命通道"，让中欧双方守望相助、携手抗疫，让沿线各国深切感受"中国担当"的温暖情谊。面对疫情冲击，在国际海运、空运物流不同程度受阻的情况下，中欧班列保持安全稳定运行，全面助力复工复产，成为沿线各国携手抗疫的"生命通道"和"命运纽带"。从义乌到马德里，从厦门到杜伊斯堡，从武汉到罗兹，截至2020年6月20日，中欧班列累计向欧洲发运1199万件、9.4万吨防疫物资，是一趟趟抗疫物资专列极大地缓解了欧洲国家抗疫物资短缺的局面，彰显了捍卫各国人民生命健康权的大国担当，得到沿线国家和国际社会的普遍赞誉，成为践行人类命运共同体理念的有效载体和有力见证。

中欧班列打开了一扇"共赢大门"，让中欧双方优势互补、深化合作，让沿线国家深切感受"中国机遇"的广阔空间。截至2020年9月1日，中欧班列已铺画73条运行线路，穿越亚欧腹地的主要区域，通达欧洲23个国家的160多个城市，在为中外数万家企业带来了商机的同时，也促进了口岸经济、枢纽经济的繁荣发展，带动了沿线通道经济快速发展。看欧洲，中欧班列使欧洲内陆国家的物流网络利用率大幅提升，波兰的罗兹、德国的杜伊斯堡、西班牙的马德里等节点城市的物流枢纽地位不断提高，俄罗斯、波兰、德国、荷兰等国的粮食、乳制品等也有了更广的销路。看中国，中欧班列的常态化开行，为内陆城市对外开放拓展了新空间。惠普、富士康、冠捷等企业纷纷将生产基地转移至中西部，带动了千亿级电子信息产业由东向西梯度转移，郑州、重庆等城市的外向型经济实现了显著增长。与此同时，中欧班列的发展，也提升了企业全球资源配置能力。例如，TCL集团就利用中欧班列将零配件运输至波兰，在当地组装后再配送至欧洲各地区，进而实现了境内外生产协同联动，降低了企业成本，提升了产品国际竞争力。

中欧班列犹如一支"钢铁驼队"，让中欧双方加深了解、扩大共识，让沿线各国深切感受"中国方案"的互利共赢。作为跨大洲、长距离、大运量、全天候、绿色低碳的新型运输方式，中欧班列是中国参与全球开放合作、共建"一带一路"、推动构建人类命运共同体的"中国方案"，是国际运输服务体系的重大创新，有力地保障了全球产业链供应链稳定，促进了国际陆运规则的加速完善，为沿线国家人民带来更多福祉。

62

墨脱：最后一个通公路的县城

喜马拉雅山脉东段南麓，一座座高耸入云的雪山合抱着西藏墨脱。雅鲁藏布江在此深情地凝望一眼，又向南奔流而去。这里山高崖深，地质复杂，千百年间几乎与世隔绝。大自然的鬼斧神工，同时赋予墨脱"莲花秘境"的雅号和"高原孤岛"的别称。2013年，西藏墨脱公路建成通车，成为全国最后一个通公路的县城，中国至此真正实现"县县通公路"。

墨脱县完全小学副校长格桑德吉，家在墨脱县帮辛乡根登村，是从墨脱走出的门巴族大学生。回忆起小时候从墨脱去林芝上学的艰辛，格桑德吉说："只能一路徒步，翻过4000多米的雪山、蹚过冰冷的河流、穿过幽深的原始森林……一趟下来，就要走上七八天！"在林芝上小学的几年间，格桑德吉仅回过3次家。

墨脱通路难，主要难在两点：一是坡度大路难修，全县相对高差达6000多米，几乎垂直分布着从寒带到热带8个气候带；二是气候恶劣路难保，夏季塌方、滑坡、泥石流频繁发生，冬季则大雪封山八九个月。从20世纪60年代开始筹划修建的墨脱公路，被称为"世界上最难修建的公路"，持续了近40年也未能完全修通。据《西藏公路交通史》记载，早在1961年，有关方面就曾对墨脱公路进行前期勘测，但无功而返。随后的1965年，筑路大军试图沿帕隆藏布江、雅鲁藏布江修筑通往墨脱的公路，最后因"修了8公里、花了80万元、死了8个人"而停工。

对于西藏的民生冷暖，党中央牵挂于心。2008年10月，国务院常务会议批准了西藏墨脱公路可行性研究报告，决定建设墨脱公路。此次批准的墨脱公路，起自波密县扎木镇，止于墨脱县城，全长约117公里。国家全额投资9.5亿元，历时4年，扎墨公路终于在2013年10月底建成通车，将墨脱全年通路时间由原来3个月左右增加到9—10个月。

扎墨公路修通的第二年，第二条通往墨脱县的交通要道——派墨公路开工建设。全长67.22公里的派墨公路，穿越多雄拉雪山，沿多雄河经汗密、老虎嘴，到达墨脱县背崩乡。2014年开工建设以来，施工人员抛家舍业、扎根高原，克服重重困难，全力推进工程施工，公路比原计划工期提前228天建成。这条公路建成通车后，林芝市至墨脱县的道路里程缩短为 180 公里，通行时间由原来的 12 小时缩短至 4 小时左右。

  通车带来的变化不仅限于墨脱县城，在雅鲁藏布江大峡谷深处的北部三个乡，如今这里的村民可以便捷地外出打工，通路、通电、通网，逐步完善的硬件设施也让村民的生活质量不断提升。2019 年，墨脱县正式脱贫摘帽。墨脱公路的建设体现了"老西藏精神"和"两路精神"，也体现了党和国家以人民为中心，再艰苦再困难的地方我们都会把路修过去。墨脱公路的建设成功，开启了墨脱县人民走向幸福生活的新时代。

63

"嫦娥三号"着陆月球

探索浩瀚宇宙、和平利用太空,是中华民族的千年梦想和不渝追求。"嫦娥三号"任务是中国探月工程二期的关键任务,突破月球软着陆、月面巡视勘察、月面生存、深空测控通信与遥操作、运载火箭直接进入地月转移轨道等关键技术,实现中国首次对地外天体的直接探测。"嫦娥三号"携带中国的第一台月球车奔月,国产月球车是二期探月工程的亮点之一。

2013年12月2日1时30分,我国在西昌卫星发射中心用"长征三号乙"运载火箭,成功将"嫦娥三号"探测器发射升空,计划首次进行月球软着陆和月面巡视勘察。"长征三号乙"运载火箭飞行19分钟后,器箭分离,"嫦娥三号"顺利进入近地点高度210公里,远地点高度约36.8万公里的地月转移轨道。

15 时 50 分左右，北京航天飞行控制中心成功实施对"嫦娥三号"探测器地月转移轨道第一次中途修正，为"嫦娥三号"顺利开展后续飞行任务奠定了基础。

6 日 17 时 47 分，地面科技人员发出指令，"嫦娥三号"探测器载变推力发动机成功点火，361 秒钟后，发动机正常关机。"嫦娥三号"顺利进入距月面平均高度约 100 千米的环月轨道，近月制动获得成功。

10 日 21 时 20 分，"嫦娥三号"在月球背面成功实施环月轨道变轨控制，顺利进入预定的月面着陆准备轨道。"嫦娥三号"由距月面平均高度约 100 千米的环月轨道，成功进入近月点高度约 15 千米、远月点高度约 100 千米的椭圆轨道。

14 日 21 时，中国"智造"的"嫦娥三号"探测器，启动落月征程。对人类来说，这是近 40 年来首次重返月球，也是一次用智慧和勇气，用更先进、更可靠的航天技术所做的科学探险。

21 时 00 分，"嫦娥三号"变推力发动机开机，探测器从月面上方约 15 公里处开始实施动力下降。

21 时 05 分，"嫦娥三号"降落相机开机并传回数据。经过地面数据接收与处理，深灰色的月球表面图像呈现在飞控大厅大屏幕上。预选的虹湾着陆区域，一个个陨石坑、一块块月岩散布其间，清晰可辨。在变推力发动机的反推作用下，"嫦娥三号"缓缓下降，距月面越来越近。在距月面约 100 米处，"嫦娥三号"与月面相对速度接近于零,稳稳悬停在月球上空。

此时,北京航天飞行控制中心飞控大厅的空气仿佛已经凝固,科技人员在紧张地分析数据参数,密切监测"嫦娥三号"的飞行状态。"嫦娥三号"利用三维成像敏感器对着陆区域仔细观测,寻找最佳着陆点。发动机吹起的月尘,遮蔽了降落相机拍摄的月面影像。这是自1976年苏联"月球24号"无人探测器登月以来,苍凉寂寥的月球时隔37年再度扬起尘烟。21时11分,"嫦娥三号"发动机正常关机,"嫦娥"以优雅姿态自由飞抵月面。几分钟后,太阳翼顺利展开。

自成功落月并开展巡视勘察以来,"嫦娥三号"探测器搭载的8台科学载荷陆续开展了"测月、巡天、观地"的科学探测和其他探测任务,地面应用系统及时向包括港、澳在内的全国上千家高校和科研单位发布了科学探测数据及最新的探测图片和相关视频,极大地推动了国内外认识月球、研究月球和利用月球的探索热情,并取得了大量创新成果。"嫦娥三号"成功着陆月球,是我国航天器首次着陆地外天体,也使我国成为继美国、苏联之后,第三个实现航天器着陆月球的国家。

64

"沪港通"正式启动

2014年11月17日,沪港通开通仪式在上海和香港交易所同时举行。时任中共中央政治局委员、上海市委书记的韩正与中国证监会主席肖钢共同为上海证券交易所当日交易鸣锣开市;时任香港特区行政长官梁振英与香港交易所主席周松岗一同为香港证券交易所鸣锣开市。沪港通正式开通,标志着作为资本市场重大制度创新的沪港通正式启动,沪港两地证券市场成功实现联通,中国资本市场改革和开放进程迈入新时代。

沪港通能够顺利开通,凭借的是"天时、地利、人和"。党的十八大作出了全面深化改革的重大部署,十八届三中全会明确了推动资本市场双向开放和加快人民币资本项目下可兑换的任务目标,同时又恰逢上海自贸区建设深入推进的重要契机，为沪港通建设指明了目标和方向，这是"天时"；上交所和港交所一直保持着密切的关系，两个市场同属一个时区，规则、文化、习惯相互熟悉、彼此影响，为沪港通奠定了坚实的合作基础，这是"地利"；沪港通提出后，得到了国务院的关注和重视，得到有关各方的支持和指导，人心所向，众望所归，这是"人和"。

沪港通启动首日，投资者热情高涨，交易平稳。沪股通与港股通共使用额度147.67亿元。其中，沪股通触及单日130亿元的额度限制，港股通使用额度17.67亿元，剩余单日额度87.33亿元。早盘截至10：00，沪股通买入71.94亿元，卖出0亿元，使用额度约71.94亿元，剩余额度48.06亿元。港股通买入8.54亿元，卖出0.11亿元，使用额度约7.81亿元，剩余额度97.19亿元。截至16时，上证综指报2474.01点，下跌0.19%，成交额1992.65亿元。沪港通指数报2152.85点，下跌0.23%。其中，沪股通买入120.82亿元，卖出0亿元；报进买单未成交但未撤单的占了9.18亿元；合计使用额度130亿元，剩余额度0亿元。触及单日额度限制。港股通买入22.38亿港元（人民币17.73亿元），卖出1.06亿港元（人民币0.84亿元），使用额度17.67亿元，剩余额度87.33亿元。沪港通的启动是中国资本市场以改革促开放的起点而非终点。其首日平稳运行，为资本市场之后继续推动双向开放和深化改革奠定了良好基础。

沪港通丰富了交易品种，优化了市场结构，为境内外投资者投资 A 股和港股提供了便利和机会，有利于投资者共享两地经济发展成果，促进两地资本市场的共同繁荣发展；有利于拓展市场的广度和深度，巩固香港国际金融中心地位，加快建设上海国际金融中心，增强中国资本市场的整体实力；有利于推进人民币国际化，提高跨境资本和金融交易可兑换程度。沪港通促进内地与国际股票市场接轨，是金融领域中香港联系作用的升级版，沪港通同时巩固香港作为主要离岸人民币业务枢纽的地位，为日后国家资本市场的进一步开放，为香港金融事业的不断壮大，创造更多和更好的条件。

65

十八洞村精准脱贫

"山沟两岔穷疙瘩,每天红薯苞谷粑。要想吃顿大米饭,除非生病有娃娃。"这是早年描写十八洞村村民生活的一首苗歌。这个村子坐落于武陵山区腹地,是一个苗族聚居地,因村中有十八个天然溶洞而得名。通往村子的是一条挂在山壁的羊肠小路,坑坑洼洼。村里几十户人家的木屋都依山而建,低矮陈旧、歪歪斜斜。村民们一年辛苦到头,日子却过得贫苦不堪。生存环境的桎梏世世代代困扰着这里,无论时代如何变迁,摆脱贫穷似乎永远是个遥不可及的梦。

党的十八大以来,以习近平同志为核心的党中央对脱贫攻坚作出新的部署,吹响了打赢、打好脱贫攻坚战的号角,全党全社会、全国各地各级部门积极行动起来,把到2020年消除整体绝对贫困、区域贫困推向最后决胜阶段。2013年11

月3日，习近平到湖南省湘西土家族苗族自治州花垣县十八洞村考察，在村民施成富家门前空地上召开座谈会时提出："实事求是、因地制宜、分类指导、精准扶贫。"自此，十八洞村成了全国精准扶贫的首倡地，而当地村民的生活也随之发生可喜的变化。

2014年1月，花垣县委抽调了以龙秀林为队长的5名党员干部组成"十八洞村精准扶贫工作队"进驻十八洞村，探索精准扶贫新模式。为了在全村225户中精准识别出真正的贫困户，扶贫工作队制定了《十八洞村精准扶贫贫困户识别工作做法》，让群众自己评议需要政府扶持的贫困对象。同时，为防止出现优亲厚友等现象，对识别工作实行全程民主评议与监督，明确了"贫困户识别九不评"的标准。这是湖南首个由群众制定的"贫困户识别标准"，识别出贫困户136户542人。为了转变村民"等靠要"的思想，扶贫工作队和村里制定了《十八洞村2014—2016年建整扶贫工作总体规划》；围绕村寨建设、公共道德、村风民俗、文明礼仪等内容，制定《十八洞村村规民约》，并以苗歌、三句半等群众喜闻乐见的艺术形式广泛宣传；开道德讲堂，树致富榜样，推行"思想道德建设星级化管理"模式，对村民进行潜移默化的思想教育。

精准扶贫，根本上要激发村民内生动力，让村民树立起通过自身努力奋斗，就一定能够摆脱贫困的浩然志气。十八洞村把"精准扶贫"重点放在了发展扶贫产业上,当地干部群众按照"把种什么、养什么、从哪里增收想明白"的要求,因地制宜发展当家产业,形成了乡村游、黄桃、猕猴桃、苗绣、劳务输出、山泉水等产业体系。"飞地经济"发展的千亩精品猕猴桃基地,猕猴桃直接销售到香港、澳门;村民组建的苗绣合作社,发展订单苗绣让留守妇女在"家门口"就业;300多名劳动力通过东西扶贫协作到深圳、广州等地转移就业,直接增收600余万元;村里还引入企业投资山泉水厂,每年给村集体分红;十八洞村旅游公司正式营运,直接带动70余人实现"家门口"就业,农家乐、乡村民宿、特色产品销售等同步发展。2016年,村里贫困人口全部实现脱贫。2020年,全村人均纯收入18369元,村集体经济收入突破200万元。

八年战贫,八年奋斗。2021年2月25日,全国脱贫攻坚总结表彰大会上,十八洞村荣获"全国脱贫攻坚楷模"荣誉称号。十八洞村的巨变为精准扶贫、精准脱贫提供了一个鲜活的样本,十八洞村的实践是深刻理解习近平关于精准扶贫的重要论述精神内涵,切实践行精准扶贫方略的具体行动,严格按照习近平探索"可复制、可推广"经验的要求,积累了不少可复制、可推广的经验,同时,也为继续推进精准扶贫精准脱贫实践,构建扶贫脱贫的"中国模式"带来启示。

66

引领中国新速度的"复兴号"列车

俯瞰今日中国铁路，银色长龙疾驰穿梭，仿佛一架高速织机，绘就出世界上最大的流动版图。"银龙穿越山水间，千里江山一日还"，高铁让出行更加便捷，让距离不是问题。随着运力的提升，高铁逐渐成为铁路春运的主力，大大缓解了铁路运输压力。2018年2月，春运的大幕已经拉开，2月1日，C2003次"复兴号"列车驶出北京南站，开启了"复兴号"列车参与春运的新篇章。

"'复兴号'是基于中国自主研发的高速动车组设计制造平台，是中国具有完全知识产权的新一代高速列车。"中国铁路总公司总经理陆东福说。自2012年以来，在铁总主导下，中国铁道科学研究院技术牵头，集合中车集团及相关企业的力量，开展"复兴号"设计研制工作。此后5年间，高速动车组实现了由中国制造到中国创造的跨越。2016年7月15日，两列标准动车组在郑（州）徐（州）高铁上分别以420公里的时速"亲密交会"，1秒间飞驶117米，成功完成世界最高速的动车组交会试验。2017年6月26日11时05分，两辆"复兴号"分别从北京南站和上海虹桥站驶出，它们共同迎来了一个时代：中国标准动车组时代。

两辆"复兴号"一个形似"飞龙"，一个酷似"金凤"，在京沪高铁上演了一出"龙凤呈祥"。铁科院首席研究员王悦明说，不仅跑得快，"复兴号"在车体更宽更高，提高乘坐舒适性的同时，凭借流线型的"头型"和平顺的车体使人均百公里能耗下降17%。以前动车组凸出的天线、高压设备都"藏"进了车顶的凹槽里，连门窗都与车体完全找平，车辆运行阻力下降7.5%—12.3%。2017年9月21日，7对"复兴号"动车组在京沪高铁率先实现350公里时速运营，中国重新成为世界铁路运营时速最高的国家。2019年12月，"复兴号"智能动车组在京张高铁上线运营，在世界上首次实现时速350公里自动驾驶。2020年5月，"复兴号"动车组研发创新团队荣获全国创新争先奖牌。

几年间，"复兴号"取得了一系列突破，越来越多的人感受到新时代的"复兴动力"。2021年6月25日，世界屋脊也进入"复兴号"时代。经过6年多的建设，西藏首条电气化铁路拉林铁路建成通车，"复兴号"列车实现对31个省区市的全覆盖。10时30分，一辆"复兴号"列车缓缓驶出拉萨站，向林芝市进发，沿线群众向铁路挥手致意，有些孩子兴奋地摇摆起来。沿着昔日的茶马古道，拉林铁路结束了藏东南地区不通火车的历史，紧密与祖国各地的联系，促进西藏高质量发展。这条线路自拉萨市出发，途经山南市贡嘎县、扎囊县、乃东区、桑日县、加查县和林芝市朗县、米林县，最终到达林芝市区，全长435.48公里，全程3个多小时，全线16次跨越雅鲁藏布江，建成47座隧道、121座桥梁，连通万壑，雄伟壮观。截至7月22日，运送旅客已达到9.5万人次。苍翠的雅鲁藏布江河谷中，全新的"复兴号"列车呼啸而过，与奔腾的江水一起向着"西藏江南"林芝驶去。

铁路，是串联中国发展史的一条重要线索。1909年，京张铁路建成通车，詹天佑突破西方技术和资本双重封锁的伟业，让国人为之一振；1952年，新中国第一条铁路成渝铁路通车时，重庆菜园坝火车站里人头攒动，"我们要和时间赛跑"的歌声响彻天际；如今，在广袤的国土上，每天有4000多列高铁列车跨越5个气候带，在强风、高寒、高温、高湿等各种复杂的气候环境中飞奔，满足着14亿人快捷出行的需要。"长龙"驰沃野,"复兴号"必将承载着中华民族伟大复兴的中国梦,在全球持续"领跑"。

（本文改编自《世界屋脊进入"复兴号"时代》《致敬,咱中国的"复兴号"!》《复兴号引领中国速度》等报道）

67

打开共享机遇大门的亚投行

马六甲海峡，舳舻千里，笛声汇鸣，这里是"海上经济生命线"，也是亚洲发展活力和潜力的一个生动缩影。在这片生机勃勃的景象中，亚投行这艘大船已经启航，它开启了中国参与全球经济治理的新征程，也开启了各国携手完善全球经济治理体系的新征程。

冷战结束后，世界多极化加速，发展中国家地位日趋上升，特别是国际金融危机后，国际力量对比发生革命性变化，发展中国家经济总量已与发达国家的相当。然而自1991年欧洲复兴开发银行成立以后，国际多边金融领域一直鲜有新生力量出现，发展中国家缺少发言权，全球经济治理体系改革滞后于发展需要。"穷则变，变则通。"全球经济治理体系亟须创新完善、与时俱进、保持活力，而亚投行正是这样一种创新的机制和平台。它以发展中成员国为主，是首个发展中国家占多数且拥有较大话语权的多边金融机构。与此同时，亚投行也不乏大量发达成员国，能够发挥推进南南合作和南北合作的桥梁和纽带作用，有助于推动全球经济治理体系向更加公正合理有效的方向发展。

2016年1月16日，57个创始成员国代表团团长在北京钓鱼台国宾馆按下启动键，亚洲基础设施投资银行正式开业。从2013年10月提出，到2014年10月首批意向创始成员国签署备忘录，到2015年6月通过国内审批程序的50个意向创始成员国签署协定，再到2016年底宣告成立，27个月，800多天，短短两年多时间里，亚投行的筹建一直备受瞩目。

"众人拾柴火焰高。亚投行是各成员国的亚投行，是促进地区和世界共同发展的亚投行。"开业仪式上，中国国家主席习近平为亚投行标志物"点石成金"揭幕，并为亚投行驶向广阔的蓝海指明航向。

桃李不言，下自成蹊。虽然亚投行成立初期来自外界的质疑声音纷杂，但事实永远最有说服力。5年多来，亚投行从最初57个创始成员携手起航，发展到来自亚洲、欧洲、非洲、北美洲、南美洲、大洋洲六大洲的103个成员齐聚一堂。亚投行不断发展壮大，迄今已为28个成员提供了超过230亿美元的基础设施投资，总批准项目达到112个。开业5年多来，亚投行坚持国际性、规范性、高标准，每一项规章制度和运作都由各成员协商决定，每一个成员，无论经济体量大小，都有发言权，都会被尊重、被倾听。如今，亚投行的管理经营模式和业绩收获了各方称赞。印度尼西亚智库亚洲创新研究中心主席、印尼东盟南洋基金会主席班邦·苏尔约诺表示，亚投行通过给相关国家基础设施建设提供贷款，提升当地发展水平，是对现行国际金融秩序的有益补充和完善。"亚投行的贷款无附加条件，没有政治色彩。亚投行的工作缩小了区域内不同国家的发展差距。"

亚投行的融资项目点亮了各方发展繁荣的大道，成为促进成员共同发展、推动构建人类命运共同体的新平台。巴基斯坦 M4 公路项目、哈萨克斯坦风电项目、孟加拉国达卡环境卫生改善项目、埃及太阳能项目……通过一笔笔融资、一个个项目、一项项制度，亚投行获得国际社会广泛认可，接连斩获标准普尔、穆迪、惠誉三家国际评级机构的最高信用评级，并得到巴塞尔银行监管委员会的零风险权重认定。

新冠肺炎疫情肆虐，作为多边开发银行，亚投行大力支持各国抗疫。为帮助成员缓解疫情带来的经济、财政和公共卫生压力，亚投行在 2020 年 4 月成立新冠肺炎危机恢复基金，并逐渐扩大基金规模到 130 亿美元。截至 2021 年 2 月，在这一框架下已经批准了超过 70 亿美元贷款，先后向多个成员提供了融资服务，其中许多项目是和亚洲开发银行、世界银行共同融资。

我们相信，面对人类和平与发展的繁重任务，只要国际社会坚定信心、增进共识、合作共赢，我们不仅能够想做事，而且一定能够做成事。如今，走向后疫情时代，各国的融资需求更大，亚投行的舞台更广阔。寻求最大公约数、凝聚最广泛合力，既是回应人民心声，也是顺应时代潮流，只要各成员携手努力，亚投行必将不负使命、不负时代、不负众托，在为世界创造更多发展机遇的同时，为构建人类命运共同体作出更大贡献。

（本文摘编自《美丽的弧线：中国—东盟命运共同体——记习近平主席访问印尼和马来西亚》《为改善全球经济治理增添新力量》《亚投行赢得开门红》《亚投行创设 5 年多来，成为促进成员共同发展、推动构建人类命运共同体的新平台——浩渺行无极 扬帆但信风》等报道）

68

千年大计：雄安新区

浩荡春风起，千年大计定。2017年4月1日，党中央、国务院决定设立河北雄安新区，"一项重大的历史性战略选择""千年大计、国家大事"，用词分量极重，价值前所未有。这是以习近平同志为核心的党中央作出的一项重大的历史性战略选择，是继深圳经济特区和上海浦东新区之后又一具有全国意义的新区。

历史的追光瞬间将这里照亮，秀美的白洋淀春潮涌动，春雷激荡。雄安新区不同于一般意义上的新区，其定位首先是疏解北京非首都功能集中承载地。作为推进京津冀协同发展的两项战略举措，规划建设北京城市副中心和河北雄安新区，将形成北京新的两翼，拓展京津冀区域发展新空间。统筹生产、生活、生态三大布局，努力打造贯彻落实新发展理念的创新示范区,雄安新区将充分发挥京津冀各自比较优势,形成京津冀目标同向、措施一体、优势互补、互利共赢的协同发展新格局。

千年大计,教育先行。"魔法菜园""十步芳草",位于雄县的中关村三小雄安校区,各班学生在"雄安农场"耕种。3年前,这里是私人菜园,现在却成了师生的"开心农场"。2018年,新区实施教育三年提升行动,北京对雄安进行教育支援。3月,北京中关村三小雄安校区在雄县二小挂牌,两地一体化管理。此后,学校还成立了合唱团、街舞团、书法社等,也开发了课外活动,激发了老师和学生的内生动力。拥有更优质的教育等资源,才能吸引更多优秀人才,近年来京津冀56所优质学校分别帮扶新区多所学校。"北京四中雄安校区项目内部装修进入收尾阶段,即将交付。"来自北京城建集团的施工方负责人陈昊说。北海幼儿园雄安园区、史家胡同小学雄安校区也在附近,步行只需三五分钟。目前,三校均进入收尾阶段,预计即将交付。

发展高端高新产业,成为创新创业的热土。新区设立后,眼神科技这家人工智能企业成为首批迁入雄安的北京中关村企业。"我们看好这座未来之城!"2018年1月眼神科技员工张会成为"新雄安人","现在20多分钟就到办公室,把过去花在路上的时间用来工作了"。雄安是创新之城,重点发展高端高新产业。2017年12月29日,北京中关村首批12

家企业与雄安新区签署战略合作协议，眼神科技是其中唯一的人工智能企业。2019年1月，雄安新区市民服务中心企业办公区向首批26家通信、互联网等创新企业敞开怀抱。2019年雄安创业会客厅接待来考察和咨询的团队共143批次，举办创业创新主题沙龙42场；2020年举办主题沙龙46场。2021年3月29日，新区政务服务中心开设"北京市业务窗口"，过去需要去北京办理的57项企业业务，通过一张网可在新区通办。截至4月，雄安新区本级新注册企业共3880多家，这些企业87%都来自北京。

以绿色打底，建设绿色之城。登上秀林驿站二层平台远眺，大片丛林一直延伸到视线尽头，这是雄安新区正在实施的"千年秀林"工程。2017年11月13日，雄安新区在9号地块栽下第一棵树，到2020年底新区总造林面积已达41万亩。先植绿、后建城，是雄安新区建设的新理念。按照规划，未来雄安新区蓝绿空间占比稳定在70%。其中，"千年秀林"是"绿色"的代表，而"蓝色"指的是"华北明珠"白洋淀。新区设立后，已着手治理了606个纳污坑塘和5条黑臭水体；对淀区133家农家乐进行整治，达标改造43家，关停90家；整治完成入河入淀排污（排放）口11395个。白洋淀生态环境治理基本实现阶段性目标，水多了、清了，生态越来越好，淀区整体水质达到近10年来最好水平。

白洋淀碧波荡漾，千年秀林绿意正浓，京雄高速即将贯通，综合管廊主体完成……雄安新区，每一天都是新的。站在"十四五"开局的新起点，这里大规模建设正全面提速，雄安新区规划面积1770平方公里的土地上，每天有16万多名建设者挥汗如雨，200多项重点工程项目不断推进，大规模建设不舍昼夜。燕赵多慷慨之士，京畿亦人杰地灵。放眼这片底蕴深厚、充满希望的土地，在这里，必将书写中国改革开放的新传奇。

（本文摘编自《"未来之城"向我们走来》《辛识平：雄安新区"新"在哪里》《按下"快进键"，"未来之城"日新月异——写在雄安新区大规模建设全面提速之际》《十万建设者奋战雄安新区 未来之城日新月异拔节生长》等报道）

69

粤港澳大湾区

湾区，既是地理概念，也是经济现象。著名的纽约湾区、旧金山湾区、东京湾区，都是带动全球经济发展的重要增长极和引领技术变革的领头羊。

推进粤港澳大湾区建设，是以习近平同志为核心的党中央作出的重大决策，是从全局高度为粤港澳大湾区发展擘画蓝图。2019年2月，中共中央、国务院印发的《粤港澳大湾区发展规划纲要》提出，粤港澳大湾区由香港特别行政区、澳门特别行政区和广东省的珠三角九市组成，总面积达5.6万平方公里。历经改革开放40多年快速发展，尤其是香港、澳门回归祖国后，粤港澳合作不断扩大深化，这一区域坐拥明显区位优势，累积了雄厚经济实力，创新要素集聚、国际化水平领先，已具备建成国际一流湾区和世界级城市群的基础条件。

创新创业，"湾区梦"落地生根。粤港澳大湾区内地九市发展各具特色，成为港澳青年创新创业、实习就业的沃土。毕业于澳门大学法学院的何智伟在中山市开启了自己的创业之路。"中山市位于粤港澳大湾区的重要区位，创业成本低，创业环境好，市场商机大。"何智伟说："我自己准备了启动资金，其他几乎是零成本，中山提供了创业补助和免费的办公场地。我们还可享受当地的社保、医保。"中山粤港澳青年创新创业合作平台自运营以来，累计为413个项目团队提供了孵化服务，其中港澳项目57个，为港澳青年提供包括工商注册、财税代理、法律咨询、创业辅导等在内的"一站式"创业服务。眼下，像中山粤港澳青年创新创业合作平台一样支持港澳青年创业就业的平台在大湾区已经遍地开花：在广州南沙，"创汇谷"粤港澳青年文创社区聚集着74个港澳青创团队；在深圳前海，深港青年梦工场已累计孵化创业团队共356家，总融资金额超15亿元；在珠海横琴，澳门青年创业谷风生水起，累计孵化433个项目，引进培育高新技术企业50家……一家家创新创业基地，孵化出一个个创业计划的同时，也孵化着港澳青年的"湾区梦"。

宜居宜业宜游，优质生活圈逐渐形成。行走在大湾区的街头巷尾，既随处可见高耸的塔吊，也能发现越来越多的河湖绿地、文化公园、历史街区。"这里的慢生活让我着迷，下班后可以去海边走走，周末可以去古城享用美食。"2019年底，张心怡通过广东省2020年度选调生和急需紧缺专业公务员招录，成为第一批港籍公务员。事实上，自2019年以来，广东已多批次定向港澳人士招录公务员。截至目前，广东省在医师、教师、导游等8个领域，以单边认可带动双向互认，港澳专业人士在大湾区内地城市便利执业已成常态，相应的政策配套也越来越完善。除就业执业问题，在社会保障方面，粤港澳三地也在加快推进社会保险规则衔接，在珠海港澳居民还可"足不出境"线上办理珠海社保业务。截至2021年2月，在珠海参加基本养老保险的港澳居民超过2万人，参加基本医疗保险的港澳居民超过3万人。随着粤港澳三地融合发展不断深化，宜居宜业宜游的优质生活圈逐步形成，大湾区内地城市也逐渐成为许多港澳老人养老的首选之地，据香港特区政府统计处2020年的资料表明，约有9万名65岁以上的香港永久居民正在广东生活。

同根同源，人文湾区绽放生机活力。"横亘珠江连两岸，一桥飞架伶仃洋……"气如洪钟的粤韵唱腔从广州粤剧艺术博物馆小剧场传出来，82岁的著名粤剧表演艺术家、粤剧非物质文化遗产省级传承人梁锦麟演唱的是全球微粤曲大赛获奖作品《一桥飞架伶仃洋》。2009年，经粤港澳三地联合申请，粤剧被联合国教科文组织列入人类非物质文化遗产代表作名录。"粤剧是在粤港澳大湾区诞生、发展的地方剧种,见证着大湾区文化的血脉相连。我们要打造世界一流湾区,必须共同传承和弘扬一流的传统文化。"广东粤剧促进会会长倪惠英说,"把粤剧艺术传承好、发展好,助力建设大湾区的共同精神家园"。以粤剧、龙舟、武术、醒狮等为代表的岭南文化是大湾区共通的文化语言,彰显出人文精神的独特魅力。而威震南粤的东江纵队、传扬国际的李小龙传奇、鲜滑柔软的澳门葡式蛋挞,等等,这些鲜活多样的现代文化符号也在诉说着大湾区血脉相连的文化渊源,大湾区人文精神内涵在融合发展中不断丰富,迸发出新的活力。

伶仃洋碧波万顷,珠江口风云激荡。曾经,"三天一层楼"的深圳速度让世人惊叹;如今,整个粤港澳大湾区都是实干的热土。一个拥有巨大活力和竞争力的国际一流湾区和世界级城市群正加速形成,这片曾经见证国家民族百年沉浮的土地,又将写就湾区故事的锦绣华章。

(本文摘编自人民网《海阔天空 奋发有为(大湾区 大未来)》《快节奏与慢功夫的交响(现场评论·大湾区 大未来)》等报道)

# 70

世界上首个国际进口博览会

滚滚波涛流大海,东方风来满眼春。新西兰牛奶、法国牛肉、西班牙火腿、日本酱油……曾经稀缺的进口商品,现在正在成为居民家中的"老朋友"。点点滴滴里的进口生活之变,是中国迈向全面小康社会的幸福"注脚",也是以中国国际进口博览会为代表的平台带来的新风尚。

2018年11月,长江与太平洋交汇处,上海,首届中国国际进口博览会圆满收官,人类贸易史上一座新的丰碑由此诞生。此次进博会是迄今为止世界上第一个以进口为主题的国家级展会,是国际贸易发展史上一大创举。五大洲172个国家、地区和国际组织的代表参会,3600多家企业参展,超过40万名境内外采购商云集,短短6天,按一年计,累计意向成交578.3亿美元,5000余件展品首次进入中国,开放合作进发出澎湃动力。"经历了无数次狂风骤雨,大海依旧在那儿!经历了5000多年的艰难困苦,中国依旧在这儿!面向未来,中国将永远在这儿!"习近平在进博会开幕式上以大海作喻,向世界宣示中国发展的底气和信心。13亿多人口不断升级的对美好生活的需要,在进博会上集中呈现,让中国和世界,找到利益的最大公约数。

  2019年11月,第二届中国国际进口博览会圆满落幕。按一年计,本届进博会累计意向成交711.3亿美元,比首届增长23%,交出了一份耀眼的"成绩单"。2020年11月,中国国际进口博览会组委会按照"越办越好"总要求,统筹推进办了一届安全、精彩、富有成效的中国国际进口博览会。在新冠肺炎疫情肆虐全球,给世界经济造成重创之际,在中方和全球展商共同努力下,第三届中国国际进口博览会克服种种困难,吸引150多个国家和地区的3600多家企业参展,成为疫情阴霾下全球市场的突出亮色,既为推动世界经济复苏作出了珍贵贡献,也彰显了中国持续扩大开放的坚定决心。

  作为进博会的老朋友,GE(通用电气)已经连续三届参展进博会,且每届都收获满满。GE全球副总裁、GE中国总裁向伟明表示,"参展进博会,不仅可以展示GE在航空、能源、医疗等领域的先进技术解决方案,更重要的是可以通过这个国际性的平台,与来自国内外的采购商、行业伙伴、政府机构进行多维度的交流,将更多适应中国的全球领先产品和技术带到本地市场"。

回首2018年首届进博会，GE联合另外20多家首批参展的国际领先企业，成为进博会参展商联盟理事会的成员并担任展商联盟主席单位。向伟明称："加入展盟可以很好地携手各方、汇聚信息、促进交流合作和资源共享，为区域、全球经贸商务往来注入动力。"2019年第二届进博会，GE扩大参展规模，发布了全球首个获得FDA认证、基于深度学习重建算法的人工智能CT系统APEX CT，首次全面展示GE为支持中国清洁能源转型量身定制的全面能源解决方案和智能制造解决方案，以及GE在增材领域的商用成果。通过在进博会上和不同地区与行业客户的充分对接，GE收获了丰硕的成果，与多地达成合作协议。这既是GE与中方合作伙伴落实并继续深化进博会成果的体现，也是GE加码中国市场的又一个缩影。

今天的展品，往往就是明天的商品、未来的生活。进博会的成功，不仅让商家获利，更提升了普通民众的生活品质。进博会上，各国商品云集，涵盖了衣、食、住、用、行等各个方面，让曾经紧俏的优质进口商品，成为越来越多居民家中的"寻常物"。通过进博会越来越多的企业分享中国超大规模市场红利，同时，进口国外优质产品、技术，也不断满足国内百姓对美好生活需要和产业转型升级需要，助力国内经济发展、促进消费升级。中国开放的大门越开越大，黄浦江边的"东方之约"，也搭建起世界共享、造福人民的大平台。

> 100个改革开放精彩瞬间

开放是当代中国的鲜明标识，进博会是中国扩大开放的重要窗口。从"经济全球化是不可逆转的历史大势"，到"共同把经济全球化动力搞得越大越好、阻力搞得越小越好"，再到"各国走向开放、走向合作的大势没有改变"……进博会见证了海纳百川的中国胸襟，也诠释了中国兼济天下的责任担当。

（本文摘编自《海纳百川 利达天下——首届中国国际进口博览会巡礼》《进博故事丨参展进博会收获满满，GE坚定深耕中国市场的决心》《用好进博效应 促进消费升级》等报道）

71

亚洲文明对话大会：
开创文明对话新机制

2019年5月15日，正值草长莺飞、群芳竞艳的孟夏时节，中国迎来又一场国际性盛会——亚洲文明对话大会。来自亚洲47个国家和五大洲的嘉宾齐聚北京，共话文明交流互鉴之计，共谋和谐发展之道。这是继博鳌亚洲论坛之后，中国主要面向亚洲搭建的又一重要对话合作机制。

身处百年未有之大变局，各国人民的命运从未像今天这样紧密相连。不同文明之间，是冲突还是对话、封闭还是交流、对抗还是合作，已经成为关乎人类前途命运的重大课题。在亚洲文明对话大会开幕式上，习近平主席以四点主张回应"时代之问"——坚持相互尊重、平等相待；坚持美人之美、美美与共；坚持开放包容、互学互鉴；坚持与时俱进、创新发展。这既是中国对于国际社会的庄严承诺,也为亚洲国家今后增进文明互鉴交流描绘出清晰的路线图,一场思想盛宴就此拉开序幕。

5月15—22日,短短一周时间,包括开幕式、6个平行分论坛、亚洲文化嘉年华、多地联动举办亚洲文明周等在内的110多项精彩活动轮番上演,思想在此碰撞,文化在此交流。殊方共享,共识凝聚。

璀璨夜空下,伴随着《我们的亚细亚》的悠扬歌声,亚洲文化嘉年华拉开序幕。日本的和太鼓、俄罗斯的风情歌舞、巴基斯坦的民谣、土耳其的火舞……丰富多样、源远流长的亚洲文明在国家体育场"各美其美",承载了亚洲各国人民共促文化交流互鉴的美好祈愿。参与演出的越南青年歌手杜氏清花表示,多国艺术家同台演出,本身就是文明交流互鉴、民心相通的体现。"歌声代表了我的心声。我希望通过与艺术家们的共同演出,带给大家美的感受,展现亚洲文化的澎湃活力。"

"亚洲文明传承与发扬的青年责任"分论坛上,北京2022年冬奥组委运动员委员会主席杨扬用英语向来自亚洲各国的年轻人发出邀约:"希望你们借助冬奥会这个平台,成为文化交流大使,为打造人类文明共同体贡献一份心力。"青年代表们掷地有声的话语,展示出他们接力传承文明火种的力量和决心,也彰显出文明对话机制正在最具活力的群体中生根发芽。

亚洲影视周展映 30 多个国家的 60 余部优秀影片、亚洲文明交流互鉴建设智库伙伴关系常规运行机制的推动、"构建亚洲命运共同体智库伙伴关系计划"的形成、文化和旅游合作机制的设立，上百场活动，数千位嘉宾，在美人之美、美美与共的沟通对话中，求同存异、和合共生的中国智慧正在被更多人所认同。文明间的碰撞与互鉴，结出更多智慧与文化的果实，也为下一步探索文明对话提供了参考范式。

"大道之行也，天下为公。"召开亚洲文明对话大会，体现着中国促进亚洲文明发展的责任担当，也展现了构建人类命运共同体的博大胸怀。亚洲文明对话大会，既是中国开拓文明交流机制的新探索，也为推动文明相互理解、相互尊重、相互信任提供了新平台。中国智慧、中国行动，正为世界的繁荣稳定提供有力支撑，让人类命运共同体理念更加深入人心。繁花春满园，群生则锦绣，在世界发展的潮流中发展，亚洲国家携手并进，必将开创更加光明的未来。

（本文摘编自新华社《新华社评论员：让文明之光交相辉映——写在亚洲文明对话大会开幕之际》，人民网《亚洲文明对话大会：开启文明对话新机制》等报道）

72

"不忘初心、牢记使命"

迈向民族复兴的伟大征程，需要荡涤灵魂的党性锤炼。2019年是中华人民共和国成立70周年，也是我们党在全国执政第70个年头。作为百年大党，如何永葆先进性和纯洁性、永葆青春活力，如何永远得到人民的拥护和支持？在全体党员中深入开展的"不忘初心、牢记使命"主题教育可谓正当其时、意义重大。

2019年5月21日，党中央印发《关于在全党开展"不忘初心、牢记使命"主题教育的意见》。5月31日，在京召开的"不忘初心、牢记使命"主题教育工作会议上，习近平发表重要讲话，对主题教育作出全面部署。以"守初心、担使命，找差距、抓落实"为总要求，以理论学习有收获、思想政治受洗礼、干事创业敢担当、为民服务解难题、清正廉洁作表率为具体目标。这样一场深刻的自我革命，成为新时代中国共产党人的自觉行动。

2019年5月底至2020年1月，按照中央部署，主题教育分两批进行，各3个月。两批主题教育前后接续，既有共同的主线和要求，又各有侧重。

为了让自我革命更彻底、更有效，各地区各部门各单位丰富教育载体，以广大党员喜闻乐见的方式推动学习教育入脑入心。2019年9月20日，江西永新县，"三湾改编"发生地，一群年轻党员围坐在老党员谭回昌的身边，听他声情并茂地讲述革命时期农民党员贺页朵用生命保护入党宣誓书的故事。"贺页朵对党和革命的无限忠诚，令人敬佩。我们在这里重温入党誓词，既是向他致敬，也是告诫自己恪守入党誓言，牢记初心使命。"来自永新县莲洲乡的党员刘清说。

学，是为了更好地做。为避免理论学习"空对空"，各地区各部门各单位在组织学习时强化问题导向，有的放矢，以高质量学习推动问题实实在在地解决。贵州等地将一批脱贫攻坚、产业扶贫的高质量报告印发全省党员干部学习，助力攻克深度贫困堡垒；甘肃聚焦工作难点，针对脱贫攻坚、生态环保两大重点任务，在学习中增加了习近平生态文明思想、习近平关于扶贫工作重要论述等内容，增强党员干部解难题、促发展的本领……广大党员干部冲着问题学，补齐能力、作风方面的短板，大大激发了干事创业、奋发有为的精气神。

"真不敢相信，不用提供任何手续，也能办成事！"山东汶上县苑庄镇居民孟小春，到人社部门领取老人去世后的丧葬补助金时，手续没带全。本来以为办不成了，却被服务大厅的工作人员告知，"无需提供其余书面证明材料也可以办理业务"。不一会儿，孟小春的事情就解决了。在主题教育中，如孟小春一样有着实实在在获得感的事例不胜枚举，各地区各部门各单位贯彻党的群众路线，聚焦群众的身边事、烦心事、操心事，知民情、解民忧、纾民怨、暖民心，给群众带来了实实在在的获得感、幸福感、安全感。

党的十九届四中全会决定指出，要建立不忘初心、牢记使命的制度，把不忘初心、牢记使命作为加强党的建设的永恒课题和全体党员、干部的终身课题，形成长效机制，坚持不懈锤炼党员、干部忠诚干净担当的政治品格。将"建立不忘初心、牢记使命的制度"写入中央全会决定，更将初心使命铭刻于灵魂深处。

2020年1月8日，"不忘初心、牢记使命"主题教育总结大会在北京召开。在全党共同努力下，"不忘初心、牢记使命"主题教育达到预期目标，取得党中央满意、人民群众认可的良好成效，但用习近平新时代中国特色社会主义思想武装全党、夯实党执政基础的实践仍在持续。

我们党依靠学习创造了历史,更要依靠学习走向未来。这次主题教育既是对革命理想、信仰信念的再深化、再坚定,也是对政治灵魂、政治品格的大洗礼、大磨砺。通过主题教育学习,党员干部经历了一场严肃的政治点名、党性洗礼、作风锤炼,理论素养明显提升,进一步坚定了守初心、担使命的思想和行动自觉,为党和人民事业拼搏奉献的动力更加强劲。

(本文摘编自《人民日报》刊载的《为实现新时代党的历史使命不懈奋斗——"不忘初心、牢记使命"主题教育工作综述》,新华社《永葆中国共产党人的初心本色——"不忘初心、牢记使命"主题教育全纪实》等报道)

73

"禾下乘凉梦"，一梦逐一生

"我们的水稻有高粱那么高，穗子有扫帚那么长，子粒有花生米那么大，我看着好高兴，坐到稻穗下乘凉。""禾下可乘凉"，这是中国杂交水稻之父袁隆平的一个梦想。正是这简单而又朴实的梦想，解决了全世界亿万人民的吃饭问题；正是那稻如高粱、穗似扫帚、粒像花生的梦中景象，寄托着一位农业科研工作者根植大地、心怀家国的浓浓情怀。

"一条大河波浪宽，风吹稻花香两岸……"1956年上映的电影《上甘岭》中，年轻的志愿军战士在异国他乡的坑道里，唱起《我的祖国》。稻浪飘香，承载着人们对家乡的思恋，对温暖的念想，对和平的向往。那一年，26岁的袁隆平开始了农学试验。"让所有人远离饥饿"，一个当时看来遥不可及的梦，让袁隆平开始了长达半个多世纪的追逐。

"作为新中国培育出来的第一代学农大学生,我下定决心要解决粮食增产问题,不让老百姓挨饿。"1953 年,从西南农学院遗传育种专业毕业后,袁隆平立下誓言。蓬勃向上的新中国给袁隆平提供了践行农业报国誓言的广阔舞台。

1966 年 2 月 28 日,袁隆平在《科学通报》中文版第 17 卷第 4 期发表了一篇论文——《水稻的雄性不孕性》,首次描述水稻雄性不育株的"病态"特征,开启了中国水稻杂交优势利用技术研发的序幕。这篇跨越了世界水稻育种研究"禁区"的论文,奠定了中国杂交水稻育种与产业迅猛发展的基础,为中国乃至世界粮食安全作出了巨大贡献。

1970 年,袁隆平研究出一株"野败"野生稻,成为所有杂交水稻的母本。1973 年,他用在海南岛配制的 10 多斤杂交稻种,在湖南农科院 0.08 公顷的试验田中试种,亩产高达 505 公斤。1974 年,他在安江农校试种自己选育的强优势组合"南优 2 号"杂交水稻,亩产高达 628 公斤,而普通水稻亩产只有 200 多公斤。此后,通过技术改进,我国实现了杂交稻稻谷产量大幅提高并应用于大面积生产。

自 1996 年中国实施超级稻项目以来,在袁隆平定下的一个个严格目标下,中国杂交水稻从每公顷 9.0 吨,渐渐朝着更高质、更高产的方向迈进。20 世纪 70 年代三系法配套成功、90 年代两系法闯关成功、超级稻不断刷新世界纪录、第三代杂交水稻亩产过千……袁隆平的目标逐渐实现。

袁隆平曾表示,"我一直有两个梦想,一个是'禾下乘凉梦',另一个梦是'杂交水稻覆盖全球梦'。经过多年的努力,目前,这两个梦想正在逐步成为现实"。

1979年,80多个发展中国家参加了我国开设的杂交水稻技术国际培训班,袁隆平作为培训班的老师,培训过的外国杂交水稻技术人才多达14000多名。接下来,印度、越南、菲律宾、孟加拉国、巴基斯坦、印度尼西亚、美国、巴西等国,杂交水稻实现大面积种植。

从水田到沙漠再到盐碱地,杂交水稻走出国门,袁隆平希望能让更多人"吃上饭,吃饱饭"。

2019年9月29日晚,在接过"共和国勋章"的那一刻,袁隆平院士还在憧憬着又一个高产目标。2020年秋天,第3代杂交水稻双季亩产突破3000斤,"我们近期目标就是把第三代杂交稻的优良品种向全省、全国推广开来。远期目标就是实现禾下乘凉梦,不断地高产、高产、更高产。我们双季稻亩产已经达到了1500公斤,之后的目标是一季稻要达到1200公斤,两季稻要达到2000公斤"。"90后"的袁隆平对杂交水稻培育工作依旧充满热情与信心。

2021年5月22日13时07分,"共和国勋章"获得者、中国工程院院士、国家杂交水稻工程技术研究中心主任袁隆平,因多器官功能衰竭在长沙逝世,享年91岁。他以祖国和人民需要为己任,以奉献祖国和人民为目标,一辈子躬耕田野，脚踏实地把科技论文写在祖国大地。一代科学巨擘陨落，"禾下乘凉"的梦想却不会停止，一代代科研工作者必将传承袁隆平院士未竟的事业，为实现中华民族伟大复兴的中国梦不断拼搏，开拓前进！

（本文摘编自新华社《新华述评：禾下乘凉梦 一梦逐一生——怀念袁隆平》，人民网《追忆！袁隆平院士和他的"禾下乘凉梦"》等报道）

74

中华人民共和国首部法典问世

2020年5月28日,人民大会堂响起经久不息的掌声,十三届全国人大三次会议审议通过《中华人民共和国民法典》,国家主席习近平签署第45号主席令予以公布。

这是新中国成立以来第一部以法典命名的法律,法典化,意味着它的基础性、集成性;这是新中国条文最多的一部法律,1260个法条,对应着细致入微的民生关切;这是社会生活的百科全书,7编和附则,构建起全方位的民事权利保护体系。中国的民事权利保障迎来一个全新时代。

作为社会生活的百科全书,民法典既是生活时代精神的生动体现,也是民族精神的立法表达。民法典因其对经济社会生活影响的广泛性,必然承载着一个民族共同的记忆,彰显着这个民族鲜明的精神特质。翻看民法典草案,大到规定弘扬社会主义核心价值观,小到强调禁止高利放贷;从抽象地规定公序良俗,到具体地要求赡养父母、抚养未成年子女,民法典草案用一个个法条映照出中华民族的精神内涵和价值追求。

民法典通过的消息传来,湖南省郴州市临武县邹家村党支部书记邹小军倍感振奋。"我留意到民法典物权编明确土地承包经营权人可以自主决定依法采取出租、入股或者其他方式向他人流转土地经营权。还明确了承包期届满,由土地承包经营权人依照农村土地承包的法律规定继续承包。更重要的是,耕地也允许抵押了,这不仅提高了土地的利用效率,促进了土地的集约化使用,还适应了'三权分置'后土地经营权入市的需要。"邹小军说,土地是农民最重要的财富,民法典的这些规定,给农民吃下了法律"定心丸"。

"在全面建成小康社会的重要节点上,编纂一部符合中国国情、体现时代特色、反映人民意愿的民法典,是坚持和完善中国特色社会主义制度的现实需要,是推进全面依法治国、推进国家治理体系和治理能力现代化的重大举措,是坚持和完善社会主义基本经济制度、推动经济高质量发展的客观要求,是增进人民福祉、维护最广大人民根本利益的必然要求,具有重大而深远的意义。"全国人大常委会法工委民法室主任黄薇说。

中国特色社会主义进入新时代,需要一部与新时代国家发展、民族复兴相适应的伟大法典。历史必将证明,《中华人民共和国民法典》符合中国国情、体现时代特色、反映人民意愿,必将正确调整民事法律关系,更好地保护民事主体合法权益,维护社会经济秩序,保障人民美好生活,为新时代坚持和完善中国特色社会主义制度、实现"两个一百年"奋斗目标、实现中华民族伟大复兴的中国梦提供完备的民事法治保障。

(本文摘编自《人民日报》刊载的《编纂凝聚中国智慧的民法典》等报道)

75

"天问"启航：探火梦想迈出关键一步

"遂古之初，谁传道之？上下未形，何由考之？"2000年前，仰望浩瀚苍穹，屈原以长诗《天问》道出对宇宙未知的思考与向往。2020年7月23日，"天问一号"搭载着这份跨越千年的好奇，飞向茫茫太空，飞向典籍中记载的"荧惑"之星，迈出了中国自主开展行星探测的第一步。

火星是距离太阳第四近的行星，与地球邻近且环境最为相似，是人类走出地月系统开展深空探测的首选目标。自20世纪60年代以来，人类火星探测已取得了丰硕成果。特别是水的发现，极大地激发了人们在火星上寻找生命的热情，让火星探测成为国际深空探测的重点。但由于技术难度，在人类探索太空的历史上，火星探测的成功率仅有不到五成。

越艰难，越向前。中华民族对宇宙的追索、对真理的探求从未被困难打败。早在2016年1月，首次火星探测任务已经党中央、国务院批准立项，由国家航天局组织实施。首次火星探测任务，具体由工程总体和探测器、运载火箭、发射场、测控、地面应用五大系统组成。火星，成为中国行星探测的第一站。

2020年4月24日，是第五个中国航天日，也是"东方红一号"成功发射50周年纪念日。在这一天，继月球探测任务被命名为"嫦娥系列"后，中国行星探测任务被命名为"天问系列"，中国首次火星探测任务被命名为"天问一号"。从《天问》到"天问"，文学的激情与想象，更化作科技的执着与浪漫。

2020年7月23日，海南文昌航天发射场，人群安静却又紧张。所有人的目光都紧紧锁定高耸的发射塔架，等待那个时刻的到来。12时41分，在涌动的烟云与阵阵轰鸣声中，长征五号遥四运载火箭成功发射"天问一号"探测器。火箭飞行约2167秒后，成功将探测器送入预定轨道，"天问一号"成功启航，满载着中华民族跨越千年的执着追求与浪漫梦想飞向星辰大海，迈出了中国行星探测第一步。

2021年5月15日，"天问一号"探测器成功着陆于火星乌托邦平原南部预选着陆区，5月22日，"祝融号"火星车到达火星表面，开始执行中国首次火星任务中最后一个阶段的任务——巡视探测。6月11日,国家航天局在北京举行"天问一号"探测器着陆火星首批科学影像图揭幕仪式,公布了由"祝融号"火星车拍摄的着陆点全景、火星地形地貌、"中国印迹"和"着巡合影"等影像图。首批科学影像图的发布,标志着中国首次火星探测任务取得圆满成功。

至此,中国成为世界上第二个成功在火星着陆的国家。

一次实现"绕、落、巡",在中国航天发展史上,"天问一号"任务实现了6个首次,一是首次实现地火转移轨道探测器发射;二是首次实现行星际飞行;三是首次实现地外行星软着陆;四是首次实现地外行星表面巡视探测;五是首次实现4亿公里距离的测控通信;六是首次获取第一手的火星科学数据。

"'天问一号'成功着陆火星,成为中国星际探测征程上具有里程碑意义的重要一步。"中国首次火星探测任务工程总设计师张荣桥表示,经过6年的科研攻关,发射场百余天的坚守,以及295天的飞行控制,"天问一号"实现了一次教科书式的精准着陆,展示了中国深空探测技术的先进能力,体现了我们集中力量办大事的制度优势。

(本文摘编自人民网、新华社《千年天问 梦圆火星——我国星际探测征程迈出重要一步》等报道,国家航天局《从〈天问〉到"天问"》等报道)

76

"可下五洋捉鳖"

马里亚纳海沟是目前已知的地球最深点,被称为"挑战者深渊",也是地球上环境最恶劣的区域之一。但人类从未放弃对"地球第四极"的探索。2020年11月10日早7时42分,随着显示器上的数字正式突破10000米,"奋斗者号"深潜器成功坐底马里亚纳海沟,创造了10909米的中国载人深潜新纪录。从"蛟龙号"到"奋斗者号",从追赶到赶超,以载人深潜为代表的中国海洋研究一步步走进深海。

海洋是生命的摇篮、资源的宝库、交通的命脉、战略的要地。对海洋的探索与认知是开发利用和保护海洋的先决条件。深海则是地球系统中十分关键的部分,深海研究能够使人类对地球的认知视野在空间和时间上不断拓展。由于科技水平的限制,人类在20世纪30年代才正式展开对深海的探索。20世纪晚期起，深海成为海洋科学甚至整个地球科学研究的前沿。与其他国家相比，我国发展载人深潜技术虽然起步较晚，但却在短短一二十年的时间里连连取得重大突破。

2002年，中国科技部将深海载人潜水器研制列为国家高技术研究发展计划，即"863计划"重大专项，启动"蛟龙号"载人深潜器的自行设计、自主集成研制工作。面对无数新挑战，"蛟龙号"科研团队，通过不断钻研与试验，解决了海试中碰到的问题和发现的不足，自2009年起，"蛟龙号"载人深潜器接连取得1000米级、3000米级、5000米级海试成功。

2012年6月，"蛟龙号"横空出世，轰动世界。中船702所牵头组织国内近百家单位，历时十年完成了"蛟龙号"7000米级载人作业潜水器研制及海试任务。"蛟龙号"在马里亚纳海沟下潜深度达7062米，创世界同类作业型潜水器最大下潜深度纪录。

与十年立项、十年研制的"蛟龙号"不同，我国第二代载人潜水器——"深海勇士号"，从研制立项到海试交付只用了短短八年，且国产化程度更高，实用性更强。从2017年到现在，全部关键部件实现国产化的"深海勇士号"，已开展了300余次下潜，国产部件经受住了考验。但对于探索深海的梦想来说,这还远远不够,海洋中最深的那"0.2%"依然是"禁地"。因此,在2016年"深海勇士号"尚未下水的情况下,万米级载人潜水器就开始同步研制,也就是"奋斗者号"。

2020年11月10日,外观酷似一条绿色大头鱼的"奋斗者号"在马里亚纳海沟成功坐底,深度达到10909米,刷新了中国深潜器的纪录。而"奋斗者号"也是国际上首次可以同时搭载3人下潜的万米载人潜水器。"奋斗者号"载人潜水器,融合了之前两代深潜装备的优良血统,不仅采用了安全稳定、动力强劲的能源系统,还拥有更加先进的控制系统和定位系统,以及更加耐压的载人球舱和浮力材料。本领如此高超,要归功于它有着一颗强大的"中国心",核心部件国产化率超过96.5%。从"蛟龙号"到"奋斗者号",中国海洋研究在多个关键技术和重要材料领域实现了独立自主。

海底两万里,"蛟龙号""奋斗者号"只是起点。正是科研工作者们兢兢业业的付出,才成就了我国深海科技探索道路上一个又一个里程碑。这样的成功,也是"集中力量办大事"的最生动诠释。在科学精神的鼓舞下,一代又一代科研工作者将继续勇攀深海科技高峰,为加快建设海洋强国、为实现中华民族伟大复兴的中国梦而努力奋斗,为人类认识、保护、开发海洋不断作出新的更大贡献。中国深海科技未来可期！

（本文摘编自人民网《"奋斗者号"有多牛？汪品先院士给你解读深海科研的"中国力量"》《"奋斗者"号：向着万米深海勇往直"潜"》《"奋斗者"号，了不起》《"奋斗者"号深潜团队：我们的青春叫"奋斗"》，新华网《〈深海浅说〉：品深海之妙 赏科学之美》，光明网《"奋斗者"号上的最强中国智慧》等报道）

77

筑梦天宫：中国航天进入空间站时代

探索浩瀚宇宙，发展航天事业，建设航天强国，是中华民族不懈追求的航天梦。从长征五号 B 遥二运载火箭搭载中国空间站天和核心舱发射升空，到神舟十二号载人飞船发射升空，3 名航天员先后进入天和核心舱，中国空间站建造进入全面实施阶段，"太空之家"的梦想正在成为现实。

苍茫的大海，密布的乌云，剑指苍穹的长征火箭……2021 年 4 月 29 日，海南文昌，中国航天迎来一个可以载入史册的时刻——天和核心舱发射。这也是中国空间站建造阶段的首次发射。此时，海风轻拂椰林，高大挺拔的发射塔架巍然矗立，空间站天和核心舱进入发射倒计时。

最大直径 4.2 米，发射重量 22.5 吨，天和核心舱是中国目前最大的航天器,也是空间站的主控舱段,主要对整个空间站的飞行姿态、动力性、载人环境进行控制。

"各号注意,5分钟准备!""各号注意,1分钟准备!"扶持火箭的摆杆徐徐打开,发射塔架上与火箭相连的各系统设备自动脱落。指控大楼、观景平台、测控点号……人们屏住呼吸,或远眺火箭,或紧盯屏幕,原本热闹的发射场安静下来。"10、9……3、2、1,点火!"11时23分,伴着山呼海啸般的巨响,长征五号B运载火箭拖曳着耀眼的尾焰拔地而起。

"火箭飞行正常!""跟踪正常!""遥测信号正常!"……指控大厅内,火箭飞行数据从各测控点实时接力奔涌而至。约174秒,整流罩分离。约494秒后,舱箭成功分离。12时36分,中国空间站天和核心舱发射任务取得圆满成功!此时此刻,所有人都在热情地鼓掌、握手、拥抱、欢呼,还有人眼含泪花。

为了这一天,中国航天走过了29年。1992年,党中央作出实施载人航天工程"三步走"发展战略:第一步,发射载人飞船,建成初步配套的试验性载人飞船工程并开展空间应用实验;第二步,突破航天员出舱活动技术、空间飞行器的交会对接技术,发射空间实验室,解决有一定规模的短期有人照料的空间应用问题;第三步,建造空间站,解决有较大规模的长期有人照料的空间应用问题。

"兵马未动,粮草先行。"2021年5月29日晚,天舟二号货运飞船在海南文昌发射场成功发射,并在约8小时后与天和核心舱完成快速交会对接。中国空间站天和核心舱迎来了远道而来的"访客":"太空快递员"天舟二号:不仅要为空间站运行提供补给,还要给中国航天员带去工作和生活的必需品。为了将更多"太空快递"及时、安全送达,天舟二号可谓一身本领、"硬货"满满。

2021年6月17日,中国空间站首批"住户"入住。航天员聂海胜、刘伯明、汤洪波先后进入天和核心舱,标志着中国人首次进入自己的空间站。从"太空自行车"到120余种荤素搭配、营养均衡的航天食品,从可以让航天员"躺着睡"的独立睡眠区到舒适的"包裹式淋浴间",再到"移动WiFi"全覆盖,一系列核心技术惊艳亮相,让"太空之家"名副其实。在高科技保障之下,航天员已成功完成两次出舱任务。

"长天"奔"天宫",中国向太空。从东方红一号开启太空时代,到空间站太空开建,中国航天再次踏上了新"长征"。苍茫天宇中,天和核心舱正在轨遨游,宣告着由中国倾力打造服务国际科学界的"天宫"成功奠基,一个集现代科技之大成的崭新的"太空之家"正呼之欲出。它立志成为科技自立自强的中华经典,承载着国人探秘宇宙、探索新知的梦想,也必将书写人类新的飞天传奇。

(本文摘编自新华社《起飞,天和!——中国空间站天和核心舱飞天现场直击》、人民网《筑梦"太空之家"——中国空间站建设记》等系列报道)

78

城乡养老迈向一体化

尊老敬老是中华民族的传统美德，爱老助老是全社会的共同责任，如何实现"老有所养""老有所依"，是事关民生的重大问题。改革开放以来，中国老龄事业和养老保障体系建设取得长足发展，老年人的获得感和幸福感明显增强。善建者行，善创者成。一条中国特色的养老保障道路正徐徐铺开，通向远方。

随着中国加速进入人口老龄化社会，"老有所依"已成为国人的重要诉求。中国农村的老龄化程度高于城镇，为保障农村老人的基本生活，2009年9月1日，国务院印发《关于开展新型农村社会养老保险试点的指导意见》。人社部统计显示，截至2012年底中国基本实现了新农保制度的全覆盖。但受城乡二元社会结构影响，城乡养老保险标准仍存在巨大差异。

　　建立统一的城乡居民基本养老保险制度，不仅事关民生，更关乎社会公平和正义。2014年2月7日，国务院常务会议决定，合并新型农村社会养老保险和城镇居民社会养老保险，建立全国统一的城乡居民基本养老保险制度。2014年2月21日，国务院印发《关于建立统一的城乡居民基本养老保险制度的意见》，中国养老保障向更加公正迈进了关键一步。

　　政策的生命力在于落实。随着江西省城乡居民养老保险制度的统一，城乡居民社保待遇取消差别，为老百姓带来了切实的福利。家住上饶婺源县的50岁村民余权保从2012年开始参加新型农村养老保险，作为以种田为生的农民，没想到还能参加社会保险、到退休年龄领到养老金。2014年江西省实施城乡居民基本养老保险合并统一新政，余权保更开心了。他说："现在新农保和城市居民社保合并统一了，我们参加养老保险享受与城里人一样的待遇了，一年最多可缴费2000元，这样到了退休的年龄就能领到更多的养老金了。"

　　2014年12月，河南省出台《关于建立城乡居民基本养老保险制度的实施意见》，"养老看身份"的时代一去不返。目前，全国所有省级地区都已制定统一的城乡居民养老保险制度实施意见，实现了制度名称、政策标准、经办服务、信息系统"四统一"，职工和居民两大基本养老保险制度的衔接通道进一步打通。截至2018年10月底，享受城乡居民养老保险待遇的总人数为 15802 万人。"建立城乡居民养老保险制度的意义之一在于取消了城乡居民的身份标识",中国人民大学教授郑功成评价道。

1992 年,全国仅有 8500 多万职工和 1700 万离退休人员参加养老保险社会统筹。截至 2017 年末,全国参加基本养老保险人数为 91548 万人,比上年末增加 2771 万人。全国参加城镇职工基本养老保险人数为 40293 万人,比上年末增加 2364 万人。其中,参保职工 29268 万人,参保离退休人员 11026 万人,分别比上年末增加 1441 万人和 922 万人。到 2021 年 3 月底,全国基本养老保险参保人数已超过 10 亿,达到 10.07 亿人。

一件接着一件办、一年接着一年干。在以人民为中心的发展思想指导下,中国的养老金制度实现了历史性转变,中国特色养老保险框架基本建成,为中国经济体制改革和社会转型创造了稳定的社会环境,促进了劳动力市场一体化,为国民经济持续稳定增长创造了空间。中国老年社会保障制度日臻完善,老年群体的民生保障网更加密实,人民获得感、幸福感、安全感不断提升。

(本文摘编自《人民日报》刊载的《老有所养,从"有保障"到"更完善"》《"并轨"是迈向城乡养老一体化的第一步》,《改革开放简史》等)

79

"新古田会议"精神

福建古田是我党确立思想建党、政治建军原则的地方,是我军政治工作奠基的地方,是新型人民军队定型的地方。作为党和军队建设史上的重要里程碑,1929年12月28日召开的古田会议并没有因岁月流逝被淡忘,反而在今天凸显出其更重要的现实意义和时代价值。

在实现强军目标的进程中,政治工作应该发挥什么样的作用?这是习近平提出党在新形势下的强军目标后,一直思考的重大政治问题。2013年5月,习近平视察成都军区时,郑重提出在适当时候召开全军政治工作会议。随后,在军队一次重要会议上,习近平亲自决策把这次会议的会址定在古田。会议筹备期间,一场战斗力标准大讨论在大江南北座座军营如潮如涌。习近平强调:坚持从思想上政治上建设部队，是我军能打仗、打胜仗的政治保证。人民军队强就强在这一点。聚力强军之要，思想政治工作就会在打赢中彰显巨大威力。向"和平积弊"开刀，向"和平兵""太平官"观念宣战，向训为看、演为看的花架子假把式问责，展开了一场深刻的思想交锋，充分体现了政治工作直面问题的革命品格。

2014年10月30日至11月2日，全军政治工作会议在福建省上杭县古田镇召开。山峦含黛、层林尽染，血脉传承、暖意萦怀。白墙青瓦的古田会议会址庄重古朴，"古田会议永放光芒"8个大字熠熠生辉。习近平亲率400多名会议代表，来到我军政治工作的发祥地。此次会议以贯彻整风精神，研究解决新的历史条件下党从思想上政治上建设军队的重大问题，为实现党在新形势下的强军目标提供坚强政治保证为主题。会议要求加强和改进新形势下我军政治工作，坚持"四个牢固立起来"和"五个着力抓好"，贯彻依法治军、从严治军方针，紧紧围绕我军政治工作的时代主题，充分发挥政治工作对强军兴军的生命线作用。

习近平的重要讲话，立足党和国家事业全局，对军队政治工作作出新部署，深刻阐明政治工作的时代方位，明确政治工作的时代主题、指导原则、重点任务和实践要求，把我军政治工作的理论和实践提升到新境界、推向新舞台，是党的军事指导理论的重大创新成果，闪耀着马克思主义的真理光芒、时代光芒,为强军兴军提供强大思想武器和科学指南。许多参会同志说,经受了一次集体的党性锤炼和精神洗礼,清醒了头脑,看到了差距,明确了整改方向。

会后,中央军委围绕政治工作时代主题作出重大部署,要求四总部把习近平在全军政治工作会议上提出的若干重要任务,分解到具体部门和单位,明确标准、时限和责任,逐项逐事抓好落实。四总部相继召开专题会议,第一时间传达学习习近平重要讲话,对学习贯彻会议精神作出部署。各部队纷纷召开党委会、干部大会、军人大会,紧密结合部队实际和正在做的工作,把会议精神及时传达给官兵、落实到基层。各级把学习贯彻全军政治工作会议精神特别是习近平重要讲话,作为重大政治任务和长期战略任务,以高度的政治自觉和务实的有力举措,迅速兴起学习宣传贯彻的热潮。

参观古田会议会址、向毛泽东雕像敬献花篮,看望老红军、老地下党员、老游击队员、老交通员、老接头户、老苏区乡干部,和年轻的会议代表一起吃红军饭……习主席雄浑的声音在会场回荡:发挥政治工作对强军兴军的生命线作用,为实现党在新形势下的强军目标而奋斗。"战地黄花"在重阳、在当年的出发地再度盛开怒放。新古田会议成为人民军队在追寻强国梦强军梦的征程中加强思想政治建设的又一座里程碑。在强军兴军的伟大征程上,人民军队将在古田会议光芒照耀下继续前进。

(本文摘编自《光明日报》刊载的《新古田会议:又一座里程碑》,《改革开放简史》)

80

走中国特色强军之路

党的十八大以来,在党中央的直接领导下,在习近平亲自指挥、亲自部署下,国防与人民军队实施改革强军战略,坚定不移走中国特色强军之路,开启我军历史上一场划时代的整体性、革命性变革。

2015年9月3日,雄伟的北京天安门格外壮美、举世瞩目。中国人民抗日战争暨世界反法西斯战争胜利70周年纪念大会在这里隆重举行。这是中华人民共和国成立以来首次以纪念抗日战争暨世界反法西斯战争胜利为主题举行盛大阅兵,也是一场以史为鉴、守护和平、面向未来的国家庆典。

在纪念中国人民抗日战争暨世界反法西斯战争胜利70周年阅兵式上,当东风–21D、东风–31A、东风–5B等型导弹组成的战略打击模块现身,观礼台上一片欢呼。这激动人心的一幕，唤起了 98 岁的原第二炮兵首任司令员向守志枪弹匮乏的抗战记忆——70 多年前，中国以一个一盘散沙的农业国对阵工业强国，在外界预测"最多维持 6 个月"的实力悬殊战争中，贫弱一方以无数惨烈的战斗、悲壮的战役不屈抗争，书写出"能战方可止战"的血火启迪。

正义不朽，和平永恒。在纪念大会上，习近平庄严宣布，中国将裁减军队员额 30 万人。这是中国经过多次大幅度裁军之后，再一次表达的善意之举、和平之举，充分表明了中国以实际行动维护世界和平发展的坚定决心，充分彰显了中国同世界各国一道共护和平、共谋发展、共享繁荣的诚意和愿望。

2015 年 11 月 24 日，中央军委改革工作会议在北京召开。习近平发出动员令：全面实施改革强军战略，坚定不移走中国特色强军之路。一年后的 2016 年 12 月 2 日至 3 日，中央军委军队规模结构和力量编成改革工作会议在北京举行。习主席指出，要坚持减少数量、提高质量，优化兵力规模构成，打造精干高效的现代化常备军。

短短不到两年的时间，人民军队在看似波澜不惊中迎来伟大跨越。打破总部体制、大军区体制和大陆军体制，成立陆军领导机构、火箭军、战略支援部队，调整组建 15 个军委机关职能部门，划设 5 大战区，完成海军、空军、火箭军、武警部队机关整编工作，实施联勤保障体制改革，组建军委联合作战指挥机构和战区联合作战指挥机构。人民军队组织架构实现历史性变革，初步构建起"军委管总、战区主战、军种主建"的领导指挥体制，抓建设、谋打仗的"大脑"更加强大。优化军兵种比例，大幅精简非战斗机构人员，在总员额减少30万人的同时，作战部队员额不降反增，战略预警、远程打击、信息支援等新型作战力量得到充实加强，以精锐作战力量为主体的联合作战力量体系正在形成，能打仗、打胜仗的"筋骨"愈发强健。在东部战区参与组织的联合立体登陆演习中，海空军力量运用明显加重，新型作战力量渐成主角；中部战区筹划演习，一支老牌精锐部队罕见未受重用，反倒是新转隶的航空兵某部担任主力，发起远程突击……锐意面向未来，再造精兵劲旅。变革中的人民军队，必将勇立时代潮头，向新的更大胜利挥师疾进。

紧跟世界科技发展方向，超前规划布局、加速发展步伐，人民军队不断完善和优化适应信息化战争和履行使命要求的武器装备体系。在陆战沙场，新一代武装直升机、新型陆战装备加速列装；在广阔天空，空军主力战机以前所未有的速度迈进歼-20、运-20领衔的"20"时代；在万里海疆，海军主力战舰以"下饺子"的速度更新换代；在深山密林，中国东风系列战略导弹惊艳全球……为把人民军队全面建成世界一流军队提供有力物质技术支撑。

改革未有穷期，强军正在路上。从塞北原野到南国密林，从远海大洋到内陆高原，从军委机关到边关哨所，全军上下勇立时代潮头，改革举措以雷霆万钧之势，实现人民军队历史性变革，创新型人民军队建设水平迈上新台阶，为推动新时代人民军队建设世界一流军队的强军目标注入更大活力和强劲动力。

（本文摘编自《求是》刊载的《铭记历史 缅怀先烈 珍爱和平 开创未来》，人民网《铭记历史启示的伟大真理》，《改革开放简史》等）

81

中华民族伟大复兴中国梦

  2012年11月29日,习近平在国家博物馆参观《复兴之路》展览时,深情阐释了中国梦,用"雄关漫道真如铁""人间正道是沧桑""长风破浪会有时"三句诗,来分别概括中华民族的昨天、今天和明天。诗句凝练,字有千钧,背后有中华民族在苦难中徘徊、觉醒、奋发直至再创辉煌的壮阔历史,有中国人民不屈不挠、砥砺前行的浩然正气与家国情怀。

  "我坚信,到中国共产党成立100年时全面建成小康社会的目标一定能实现,到新中国成立100年时建成富强民主文明和谐的社会主义现代化国家的目标一定能实现,中华民族伟大复兴的梦想一定能实现。"习近平关于"中国梦"的提出及此后围绕"中国梦"所作的一系列重要论述,在国内外引起强烈反响，它体现了新一届中央领导集体对中国特色社会主义的坚定自信和对国家对民族对人民的责任担当，是我们党引领中华民族走向繁荣昌盛、伟大复兴的重大政治宣示。

中国特色社会主义进入了新时代，我们阔步走向民族复兴的光明前景。经济总量稳居世界第二，对世界经济增长贡献率超过30%，对全球减贫事业的贡献率超过70%。中华民族伟大复兴是"已经看得见桅杆尖头了"的航船，是"已见光芒四射喷薄欲出"的朝日。我们比历史上任何时期都更接近、更有信心和能力实现中华民族伟大复兴的目标。但这个目标绝不是轻轻松松、敲锣打鼓就能实现的，全党必须准备付出更为艰巨、更为艰苦的努力，完成我们这一代人的责任和使命。

个人的前途与国家命运息息相关，而每一个人的奋斗努力，都是中国梦的组成部分。2012年，我国首款舰载机歼-15在"辽宁舰"成功起降，再一次让世界重新打量中国。秉着一腔热血，无数航空人前赴后继才促成了这一伟业，一如他们之中的杰出代表——恪尽职守、殉职于工作岗位的罗阳同志。中航工业沈飞公司总工程师袁立说，习近平提出的两个"百年梦想"激励着广大科技工作者。像罗阳同志一样，真抓实干，才能实现国富民强梦想。"我们的父辈，可能一辈子就造1个型号的飞机。而我们现在最新的型号，也就干了一年多。这里固然有技术进步、制造水平提高的因素，但更重要的是沈飞公司真刀真枪每天24小时的拼劲。"

　　中国"杂交水稻之父"袁隆平曾说过，他有两个梦想。一个是禾下乘凉梦，"我们的水稻有高粱那么高，穗子有扫帚那么长，子粒有花生米那么大，我看着好高兴，坐到稻穗下乘凉。"另一个梦想是，"我希望亩产1000公斤早日实现，实现了以后还有没有更高的目标呢？我希望培养一些年轻人向更高的1100公斤、1200公斤来奋斗。这就是我的梦，为我们国家的粮食安全作出我应有的贡献。"正是这简单而又朴实的梦想，解决了全世界亿万人民的吃饭问题；正是那稻如高粱、穗似扫帚、粒像花生的梦中景象，寄托着一位农业科研工作者根植大地、心怀家国的浓浓情怀。袁隆平培育的杂交水稻，被国际友人誉为中国继四大发明后，对人类作出的"第五大贡献"。

　　习近平在2014年中法建交50周年纪念大会上的讲话中指出："中国梦是奉献世界的梦。'穷则独善其身，达则兼善天下'，这是中华民族始终崇尚的品德和胸怀。随着中国不断发展，中国已经并将继续尽己所能，为世界和平与发展作出自己的贡献。"这一重要论述，深刻揭示出中国梦的实现不仅关系着中国人的共同命运，同时也必将对整个世界产生广泛而深刻的影响。

　　昔日的丝绸古道奔驰着一列列中欧班列"钢铁驼队"，古老的非洲大陆活跃着一批批中国的白衣天使和建设者，中国维和军人在战乱之地守护着"安全绿洲",在应对气候变化、国际人道主义援助等方面,中国显示出伟大的国际主义精神。我们张开双臂拥抱世界、博采众长发展自己,我们也坚持"美美与共""兼济天下",欢迎别人搭乘中国发展的"快车""便车"。中国人民与世界人民的美好梦想息息相通、交相辉映。

21岁的芬兰小伙艾博,因为热爱摇滚乐来到北京,这里汇集了中国最好的乐手。中国的年轻人热爱摇滚,这让他获得了很多演出机会。和艾博一样来北京寻找发展机会的还有韩国人金智虎,2007年,在美国生活了15年的他偶然来北京承接一个建筑设计项目,之后便毅然决定留在北京发展。金智虎看中了北京快速的城市化带给一个年轻设计师的发展空间。他说:"韩国和美国能深挖的空间比较小,但在中国,这个空间是广阔的。"

82

《习近平谈治国理政》：世界读懂中国的宝典

有一本书，被秘鲁总统库琴斯基、印度共产党（马）总书记西塔拉姆·亚秋里等政要摆在案头。这本书，坦桑尼亚的执政党和政府高级官员人手一册，越南国家政治出版社为所有司局级干部配备一本。法国前总理让-皮埃尔·拉法兰为它专门作了长篇笔记，柬埔寨以国家名义为它举办专题研讨会，首相洪森还希望获得电子版，以便在手机上反复阅读。这本书就是《习近平谈治国理政》。其第一卷、第二卷和第三卷在海外持续热销，从政要、学者到普通民众，在全球范围内"圈粉"无数。

2015年，第四十四届伦敦书展正式开幕。首次亮相享誉国际伦敦书展的《习近平谈治国理政》多文种版图书受到来自各国参展商、当地媒体、英国读者和社会各界的极大关注，成为本届书展中国展团的一大亮点。陆彩荣说："这本书在全球的持续热销，一定会带动越来越多的各国读者更好地了解发展和变化中的中国。"《习近平谈治国理政》多文种版自 2014 年 10 月在德国法兰克福国际书展首发以来，受到国际社会的持续广泛关注，并引起热烈反响。多国现任和前任政要以及多位著名中国问题专家在第一时间撰写书评和文章，给予高度评价。截至 2017 年 8 月，该书以中、英、法、俄、阿、西、葡、德、日等 21 个语种版本发行 642 万册，遍布全球 160 多个国家和地区。

《习近平谈治国理政》何以风靡全球？美国前国务卿基辛格一语道破天机："它为了解一位领袖、一个国家和一个几千年的文明打开了一扇清晰而深刻的窗口。"德国前总理施密特认为，通过《习近平谈治国理政》一书，外国读者可以了解中国领导层遵循什么样的哲学，中国发展方向依据何种战略方针。"它有助于外国读者客观、历史、多角度地观察中国，从而更好地了解中国，更全面地认识中国。"墨西哥前总统路易斯埃切维里亚·阿瓦雷斯十分认真地阅读了习主席关于治国理政的著作。他说："习近平主席的这部演说集完整描绘了他所领导的中国政府的努力和目标。在一国两制的一贯原则下，可敬的祖国统一理论，让我们看到了中华民族充满希望的未来。通过和平进步实现中华民族的'中国梦'，发展和加强同包括拉丁美洲和墨西哥在内的发展中国家的团结与合作。"

《习近平谈治国理政》集中反映了习近平新时代中国特色社会主义思想的发展脉络和主要内容，生动记录以习近平同志为核心的党中央，着眼中华民族伟大复兴的战略全局和世界百年未有之大变局，团结带领全党全国各族人民在新时代坚持和发展中国特色社会主义的伟大实践，集中展示马克思主义中国化的最新成果，充分体现中国共产党为推动构建人类命运共同体、促进人类和平与发展崇高事业贡献的中国智慧和中国方案，成为当今世界最具影响力的领导人著作之一。

当今世界，经济持续低迷，局部冲突此起彼伏，"逆全球化"思潮开始抬头。大变局时代，需要思想光芒的指引，迷惘的世界把目光投向东方。正是在这一背景下，《习近平谈治国理政》抓住了当前人类社会主要矛盾的"牛鼻子"，提出"构建人类命运共同体"等重要理念，展现出中共执政理念对全世界的深刻启示和强大感召。

正如著名社会学家马丁·阿尔布劳所言："本书不仅仅是关于治国理政，更重要的是，它代表了一整套的可以用于建立持久秩序的思想体系。世界需要思想体系，以灵活应对各国和世界面临的挑战。"

（本文摘编自《人民日报》刊载的《〈习近平谈治国理政〉：这本书全世界都在学习》，中国新闻网《外国政要学者热读〈习近平谈治国理政〉》等报道）

83

"八项规定"带来新气象

一场激浊扬清的作风变革从这一天开启,一场脱胎换骨似的革命性重塑从这一天迈出坚毅步伐。2012年12月4日,注定在我们党的历史上刻下光辉印记,并随岁月的流逝愈发彰显出深远的历史意义。

2012年12月4日,中共中央政治局召开会议,审议通过了《十八届中央政治局关于改进工作作风、密切联系群众的八项规定》,全面从严治党由此破题。如今,当初600余字的规定带来了时代风气的深刻变化,党风政风焕然一新,社风民风持续向好。而在党的十九大之后,这一规定被继续细化、深化。

"八项规定"内容简单明了,从改进调查研究、精简会议活动、规范出访活动、厉行勤俭节约等八个方面作出了明确具体的要求，体现了"治国必先治党、治党务必从严"的坚定决心。

北京，国家博物馆。2018年举办的"伟大的变革——庆祝改革开放40周年大型展览"，人头攒动、气氛热烈。在"历史巨变"展区"以改革创新精神全面推进党的建设新的伟大工程"单元，一件特殊展品吸引了众多观众的目光。这是一张习近平2012年考察河北省阜平县时的晚餐菜单。用餐地点位于当地一家经济型酒店，菜单上也都是简单的家常便饭。中央八项规定出台后不久，习近平于2012年12月29日至30日前往阜平县考察，住的就是县招待所16平方米的房间，吃的就是农家大盆菜。"各级领导干部要以身作则、率先垂范，说到的就要做到，承诺的就要兑现，中央政治局同志从我本人做起。"以行动作号令、以身教作榜样，习近平始终带头严格执行中央八项规定，为全党树立起光辉典范。

新加坡《联合早报》这样描述八项规定：当时很少人预见到，公款吃喝、文山会海等中国官场的"老大难"问题，竟然出现如此明显的改善。具体到各地，八项规定出台后的5年时间，全国各地交出了亮眼的作风建设成绩单。从一开始，党中央落实八项规定精神，就坚持问题导向，从具体的、小的问题抓起，从月饼粽子、烟花爆竹、贺卡挂历等"小事小节"入手，狠刹歪风邪气。仅以人们曾经司空见惯的问题为例，截至2017年10月，全国查处违规公款吃喝、送礼、旅游（国内）三类突出问题共计45502起。其中，违纪发生在2013年、2014年的共31223起，占68.6%；发生在2015年的7794起，占17.1%；发生在2016年的4908起，占10.8%；发生在2017年的1577起，仅占3.5%。

与此同时，中央纪委不断完善创新监督手段，充分利用互联网、新媒体和新技术，大大拓宽监督渠道，相信群众，依靠群众，形成群众监督的浓厚氛围。真正让外界对八项规定持久性产生期待的是，伴随着各种检查的推进和情况好转，曾经的监督手段逐渐固化为制度。党的十八大以来，中央部署开展的十二轮巡视和各级巡视巡察均把贯彻落实中央八项规定精神情况作为重要监督内容。

习近平强调，"作风建设永远在路上，永远没有休止符"。党的十九大刚刚闭幕后的第一次政治局会议，就审议了《中共中央政治局贯彻落实中央八项规定的实施细则》，修订后的实施细则，根据近几年中央八项规定实施过程中遇到的新情况新问题，着重对改进调查研究、精简会议活动、精简文件简报、规范出访活动、改进新闻报道、厉行勤俭节约等方面内容作了进一步规范、细化和完善。实施细则的出台，继续明确传递着"作风建设永远在路上"的信号。

2017年12月3日，中央纪委监察部网站推出一套巩固拓展落实中央八项规定精神成果主题表情包，介绍表情包的文章在朋友圈刷屏，网友纷纷下载。这一组16个表情包，既有"巩固拓展中央八项规定精神成果"等体现新部署新要求的，也有"禁止违规用车""整治公款吃喝"等重申规定的。

党的十八大以来，我们党坚定不移全面从严治党，刹住了过去很多年都认为不可能刹得住的歪风，解决了很多年都没有解决的顽障痼疾，纯洁了党的思想、党的组织、党的作风、党的肌体。特别是经过全党共同努力，党的各级组织管党治党主体责任明显增强，中央八项规定精神得到坚决落实，党的纪律建设全面加强，腐败蔓延势头得到有效遏制，反腐败斗争压倒性态势已经形成，不敢腐的目标初步实现，不能腐的制度日益完善，不想腐的堤坝正在构筑，党内政治生活呈现出新的气象。

（本文摘编自《人民日报》（海外版）刊载的《八项规定改变中国》，《中国纪检监察报》刊载的《八项规定为何能深刻地改变中国》等报道）

84

全民健康托起全面小康

健康是人类永恒的追求,连着千家万户的幸福,关系国家和民族的未来。2020年是我国全面建成小康社会收官之年。一张14亿人口大国的健康"成绩单"令人瞩目:公共卫生防线更加牢固;基本医疗保障网覆盖全民;百姓看病就医方便可及;居民健康素养水平稳步提升;人民身体素质显著增强;人均预期寿命逐步提高。

没有全民健康,就没有全面小康。党的十八大以来,习近平坚持以人民为中心的发展思想,亲自谋划、亲自推动健康中国建设,把人民健康放在优先发展的战略地位,全方位、全周期保障人民健康,为实现中华民族伟大复兴的中国梦奠定了坚实的健康基石。

2013年,习近平在会见世卫组织总干事陈冯富珍时,向全世界宣示中国推进医改的决心:"我们将迎难而上,进一步深化医药卫生体制改革,探索医改这一世界性难题的中国式解决办法,着力解决人民群众看病难、看病贵,基本医疗卫生资源均衡配置等问题,致力于实现到2020年人人享有基本医疗卫生服务的目标,不断推进全面建设小康社会进程。"

2014年12月13日,习近平走进江苏省镇江市丹徒区世业镇卫生院。在挂号导医大厅,总书记认真听取卫生院负责人介绍情况;在诊疗科室,总书记细致察看医疗设施,向医务人员询问检查、治疗、药价和村民患病详情。总书记指出,要推动医疗卫生工作重心下移、医疗卫生资源下沉,推动城乡基本公共服务均等化,为群众提供安全有效方便价廉的公共卫生和基本医疗服务,真正解决好基层群众看病难、看病贵问题。

2015年10月29日,党的十八届五中全会通过《中共中央关于制定国民经济和社会发展第十三个五年规划的建议》,提出推进健康中国建设,深化医药卫生体制改革,理顺药品价格,实行医疗、医保、医药联动,建立覆盖城乡的基本医疗卫生制度和现代医院管理制度,实施食品安全战略。此时,距离实现全面建成小康社会的百年奋斗目标还有5年。在事关国家和民族前途命运的关键节点,以习近平同志为核心的党中央作出了"推进健康中国建设"这一顺应国家发展需要、呼应人民群众期盼的重要战略部署。

"当百姓身心俱佳、生活无忧时才是全面小康。"时任中国人民大学医改研究中心主任王虎峰指出,我们追求的小康社会,内在包含了物质、精神、身体、心理等完美状况,不能偏废。实现国家的可持续发展,同时让百姓过有质量的幸福生活,才是全面建成小康社会的应有之义。

2016年8月,习近平主持召开中共中央政治局会议,审议通过《"健康中国2030"规划纲要》。10月,党中央、国务院印发《"健康中国2030"规划纲要》,描绘了健康中国建设的宏伟蓝图:到2030年,主要健康指标进入高收入国家行列,人均预期寿命达到79岁;到2050年,建成与社会主义现代化国家相适应的健康国家。2017年10月,党的十九大作出实施健康中国战略的重大决策部署,强调坚持预防为主、深入开展爱国卫生运动、倡导健康文明生活方式、预防控制重大疾病。2019年7月,《国务院关于实施健康中国行动的意见》发布,提出实施15个专项行动,健康中国有了清晰的行动"路线图"。2020年6月1日,《中华人民共和国基本医疗卫生与健康促进法》实施,"国家实施健康中国战略"写入法律。

近年来,推进健康中国战略取得明显成效。2019年我国居民人均预期寿命达到77.3岁,主要健康指标优于中高收入国家平均水平。超过80%的居民15分钟内能够到达最近的医疗点,健康服务的可及性和公平性提升;互联网医院蓬勃发展,预约挂号、网上复诊等成为常态;家庭医生团队日益壮大，重点人群家庭医生签约覆盖率超过70%。建立世界上规模最大的基本医疗保障网，基本医疗保险参保人数超过13.5亿人，参保率稳定在95%以上；2019年居民个人卫生支出占卫生总费用比例降至28.4%。公立医院取消实行60多年的药品加成政策，初步建立了新的运行机制；国家开展药品价格谈判和药品集中招标采购，药品价格大幅降低。

（本文摘编自新华社《为了13亿人民的健康福祉——党的十八大以来我国医药卫生事业发展述评》，《人民日报》刊载的《全民健康托起全面小康——习近平总书记关心推动健康中国建设纪实》等报道）

85

开创国家高端智库建设新格局

思想是行动的先导。纵观世界历史，有了思想，人类才能不断进步；有了思想，国家才有发展的希望。党的十八大以来，以习近平同志为核心的党中央面对新形势新任务，为实现"两个一百年"奋斗目标和中华民族的伟大复兴，高度重视智库建设，提出一系列智库建设新理念新思想新战略。

2014年10月，中央全面深化改革领导小组第六次会议审议了《关于加强中国特色新型智库建设的意见》，提出从推动科学决策、民主决策，推进国家治理体系和治理能力现代化、增强国家软实力的战略高度，把中国特色新型智库建设作为一项重大而紧迫的任务切实抓好，重点建设一批具有较大影响和国际影响力的高端智库，重视专业化智库建设。

2015年12月1日，一个里程碑式的事件写入中国特色新型智库建设史——随着国家高端智库建设试点工作会议召开,中国"实施国家高端智库建设规划"的宏伟构想迈出了实质性步伐。会议强调,着力建设一批国家急需、特色鲜明、制度创新、引领发展的高端智库,推动我国智库建设实现新的发展。25家智库成为首批国家高端智库建设试点单位,主要包括党中央、国务院、中央军委直属的综合性研究机构,依托大学和科研机构的专业性智库,企业智库和社会智库四类,涵盖国家发展战略、国家治理、国家安全、公共政策、宏观经济等20多个重点研究领域。

锚定国家重大战略需求,聚焦牵动全局的重要课题。高端智库直接为党中央、国务院决策服务,围绕国家重大战略需求,开展前瞻性、针对性、储备性政策研究,这一功能定位赋予其鲜明的高端特征。

2017年6月22日,国务院第一会议室——国务院制定政策的最终决策场所,这里的主角是四位科学家。李克强总理邀请白春礼、潘云鹤、潘建伟和周琪四位院士在这里做了一场科学讲座。用李克强总理的话说,这是为了"进一步了解科技革命和产业变革的前沿领域,为政府决策提供有力的科学支撑"。四位院士代表科技界应国家之所需,急国家之所急,根据科技创新实践,集成专家智慧,推进科学前瞻,为国家重大需求和战略部署提供智力、知识和科技支撑。

作为中国自然科学领域的最高学术机构，中国科学院肩负"率先建成国家高水平科技智库"的责任与使命，既充分鼓励院士们自发建言，更是从顶层设计出发，组织以院士为首的专家学者，成功开展了一批着眼国家宏观决策诉求、未来科学技术发展趋势等的咨询项目。时任中科院院长、党组书记白春礼说："我们将发挥院士队伍和研究机构多学科综合优势，组织凝聚全国的智力资源，围绕事关国家全局和长远发展的重大问题，系统开展科学评估，进行预测预见，为国家宏观决策提供科学依据和咨询建议。"

而全国政协原副主席、中国工程院院士徐匡迪任组长的"京津冀协同发展专家咨询委员会"，早在2014年6月下旬和7月上旬，就分赴天津、河北、北京调研，并为雄安新区的最终成立提供决策型、前瞻型、精确型和智慧型的战略设计和政策供给。

作为国家软实力的重要载体和国际竞争力的重要因素，近年来，中国特色新型智库在开展公共外交、促进人文交流方面优势日渐显现，为开创中国特色大国外交新局面注入了鲜活力量。在举办二十国集团（G20）领导人杭州峰会、"一带一路"国际合作高峰论坛、金砖国家领导人厦门峰会、上海合作组织青岛峰会等大型多边国际会议过程中，高端智库积极作为，配套举办国际智库会议，平等交流、凝聚共识、营造氛围、提出建议，为峰会成功举办提供了重要智力支持。

例如，中国社会科学院作为国家哲学社会科学研究"国家队"，已搭建起与中东欧国家的智库合作网络，与东盟国家形成了固定的智库交流机制，与二十国集团（G20）、上海合作组织、金砖国家等成员国的主要智库持续开展研究合作，在国际舞台上积极讲述中国故事、阐析中国方案，为向世界呈现真实、立体、全面的中国，展示文明、开放、进步的中国进行着坚持不懈的努力。

行百里者半九十。国家高端智库建设任重道远。我们相信，在党中央的高度重视与正确领导下，在国家高端智库理事会的有力部署与切实推进下，国家高端智库将以改革创新为动力，持续前行、久久为功，为实现中华民族伟大复兴中国梦作出更大贡献。

（本文摘编自《光明日报》刊载的《国家高端智库建设试点工作一周年回顾与研究》，《中国科学报》刊载的《十八大以来国家高端科技智库建设综述》等报道）

86

坚决打赢反腐败这场正义之战

中国共产党从诞生之日起，就把实现共产主义作为最高理想和最终目标，把全心全意为人民服务作为根本宗旨，这使我们党与腐败水火不容。无论是革命战争年代，还是社会主义建设和改革时期，反腐败一直是我们党始终坚持的鲜明政治立场。

江西瑞金，中央革命根据地历史博物馆。拾阶而上，大型花岗岩浮雕上方，"人民共和国从这里走来"的红色大字遒劲有力。中央机关反贪污浪费斗争的总结、最高特别法庭审判熊仙璧的判决书……"苏区干部好作风"陈列室里，一张张泛黄的老照片，无声地述说着那段峥嵘岁月。

党的十八大以来，以习近平同志为核心的党中央着眼于全面从严治党，以力挽狂澜的气魄和胆识，以猛药去疴、重典治乱的决心，以刮骨疗毒、壮士断腕的勇气，作出了坚决打赢反腐败这场硬仗的战略决断，工作力度之大前所未有，取得成效之大有目共睹。

"腐败和反腐败呈胶着状态。"2015年十八届中央纪委五次全会上，习近平指出，我们在实现不敢腐、不能腐、不想腐上还没有取得压倒性胜利，减少腐败存量、遏制腐败增量、重构政治生态的工作艰巨繁重。"反腐败斗争压倒性态势正在形成。"2016年十八届中央纪委六次全会上，习近平指出，不敢腐的震慑作用充分发挥，不能腐、不想腐的效应初步显现，但是腐败问题依然存在，全面从严治党任务依然艰巨，必须持续保持高压态势。"反腐败斗争压倒性态势已经形成。"2017年十八届中央纪委七次全会上，习近平指出，不敢腐的目标初步实现，不能腐的制度日益完善，不想腐的堤坝正在构筑，党内政治生活呈现新的气象。从处于"胶着状态"，到"压倒性态势正在形成"，再到"压倒性态势已经形成"，习近平对反腐败斗争形势的分析判断实事求是、鼓舞人心。

曾几何时，西方总有人利用腐败问题对我国的政治制度说三道四。近几年很多外媒评论则说，中国当前的反腐败成绩，是"足以同在中国这样一个世界上人口最多的国家解决温饱问题、极大消除贫困相提并论的一个巨大贡献"。国内"打虎""拍蝇"，国际"天网""猎狐"。随着一批潜逃海外多年的贪腐分子归案,中国反腐用有力的行动证明,海外不是法外,出逃不是出路,海外决不是腐败分子的"避罪天堂",不管腐败分子跑到哪里、跑出去多久,都要一追到底、绳之以法。

"得罪千百人,不负十三亿",这是再明白不过的政治账。认识上的清醒是政治决断的前提。对反腐败斗争,习近平和党中央旗帜鲜明、立场坚定、意志品质顽强、领导坚强有力,有腐必反、有贪必肃,"老虎""苍蝇"一起打,无禁区、零容忍、全覆盖——党的最高领导层这种巨大的政治勇气和决心,是反腐败斗争能够取得成效并形成压倒性态势的关键所在。2021年6月,中央纪委负责同志在庆祝中国共产党成立100周年活动新闻发布会上介绍,党的十八大以来的九年间,全国纪检监察机关立案审查案件380.5万件,查处了408.9万人,给予党纪政务处分374.2万人。

此外,我们党更加注重从源头上有效防治腐败。加强对典型案例的剖析,从中找出规律性的东西;深化腐败问题多发领域和环节的改革,最大限度减少体制障碍和制度漏洞;总结全面从严治党的理论和实践,把那些经过实践检验、必须长期坚持的上升为制度规定,以党内法规的形式固化下来。制定和修订了100余部党内法规,基本形成以党章为根本,以民主集中制为核心,以《关于新形势下党内政治生活的若干准则》《中国共产党廉洁自律准则》《中国共产党党内监督条例》《中国共产党纪律处分条例》等法规为主干的党内法规制度体系。

"一个政党,如一个人一样,最宝贵的是历尽沧桑,还怀有一颗赤子之心。"全面从严治党,深入推进反腐败斗争,就是我们党不断自我净化、回归初心的过程。实践使我们越来越深刻地认识到,管党治党不仅关系党的前途命运,而且关系国家和民族的前途命运,必须以更大的决心、更大的勇气、更大的气力抓紧抓好。全面从严治党永远在路上,反腐败斗争未有穷期。我们要坚持问题导向,保持战略定力,推动全面从严治党向纵深发展,巩固扩大反腐败压倒性态势,在历史性赶考中不断向人民交出优异的答卷。

(本文摘编自《人民日报》刊载的《坚决打赢反腐败这场正义之战——党的十八大以来反腐败斗争成就述评》等报道)

87

谱写美国中国新篇章

2020年全国地级及以上城市空气质量优良天数比例达87%，全国地表水优良水体比例由2015年的66%提高到了2020年的83.4%，全国受污染耕地安全利用率和污染地块安全利用率双双超过90%，全国森林覆盖率达到23.04%……翔实的数据铸就了亮眼的生态成绩单。2021年8月18日，国务院新闻办举行的新闻发布会介绍，我国"十三五"规划纲要确定的九项生态环境约束性指标和污染防治攻坚战的阶段性目标全面圆满超额完成，生态环境明显改善，厚植了全面建成小康社会的绿色发展底色和高质量发展成色。

2005年8月15日，时任浙江省委书记的习近平在浙江安吉余村考察时，提出了"绿水青山就是金山银山"的科学论断。这个科学论断，包含着尊重自然、谋求人与自然和谐发展的价值理念和发展理念，包含着浙江经济社会可持续发展模式的宏伟战略构想，为浙江走向社会主义生态文明新时代指明了方向。10多年来，在浙江大地上，"绿水青山就是金山银山"已从盆景变风景、化苗圃为森林，成为全省干部群众内化于心、外化于行的自觉行动，呈现出神形兼备、丰盈充实的全域化格局，为建设美丽中国提供了实践依据。2015年2月11日，习近平在京亲切会见2015年军民迎新春茶话会浙江代表，听到浙江各地坚定不移执行"绿水青山就是金山银山"发展理念、推进科学发展时，非常高兴，鼓励浙江"照着这条路走下去"。

党的十八大以来，从山水林田湖草的"命运共同体"初具规模，到绿色发展理念融入生产生活，再到经济发展与生态改善实现良性互动，以习近平同志为核心的党中央将生态文明建设推向新高度，美丽中国新图景徐徐展开。2015年5月，党中央、国务院印发《关于加快推进生态文明建设的意见》，明确了生态文明建设的总体要求、目标愿景、重点任务、制度体系。同年9月，《生态文明体制改革总体方案》出台，提出健全自然资源资产产权制度、建立国土空间开发保护制度、完善生态文明绩效评价考核和责任追究制度等。随后的几年中，生态环保法制建设不断健全。《大气污染防治行动计划》《水污染防治行动计划》《土壤污染防治行动计划》陆续出台,被称为"史上最严"的新的《中华人民共和国环境保护法》从2015年开始实施,在打击环境违法犯罪方面力度空前。

普通百姓能够从身边点滴感受到好生态的魅力。天空的"颜值"一年比一年高,空气一年比一年清新,"窗含西岭千秋雪,门泊东吴万里船"的美景在一些城市再现,老百姓的幸福感不断增强。2020年国家统计局调查结果显示,公众对生态环境满意度达到89.5%,比2017年提高10.7个百分点。同为大自然的主人,动物们也频频给予人们惊喜——云南野象旅行团从"北巡"到"南归",大熊猫受威胁程度等级从"濒危"降为"易危","微笑天使"长江江豚频繁亮相,青藏高原"万羊齐奔"的壮丽景象复现⋯⋯美丽中国建设在促进人与自然和谐共生上取得越来越多的进步。

一系列丰硕成果来之不易,离不开举国上下勠力同心。从大处观察,我们有顶层设计:生态文明建设成为统筹推进"五位一体"总体布局和协调推进"四个全面"战略布局的重要内容;绿色是五大新发展理念之一;"增强绿水青山就是金山银山的意识"被写入党章;生态文明被写入宪法⋯⋯从小处着眼,我们有绣花功夫:从一棵树的养成、一袋垃圾的分类处置到一块荒地的改造,精准、科学、依法治理落到实处。正是基于此,我国生态环境保护发生了历史性、转折性、全局性变化,各地将生态优先、绿色发展之路越走越深,越走越宽广。

成绩总结既往,我们更关心未来。2035 年,美丽中国建设目标将基本实现。为了这一目标,"十四五"时期分外关键。当前,我国生态文明建设进入了以降碳为重点战略方向、推动减污降碳协同增效、促进经济社会发展全面绿色转型、实现生态环境质量改善由量变到质变的关键时期。"十三五"时期,是坚决打好污染防治攻坚战;"十四五"时期,要深入打好污染防治攻坚战——从"坚决"到"深入",一词之变,亮明了中国进行生态文明建设的坚定决心。实干最具说服力,中国不仅努力建设人与自然和谐共生的现代化,还将碳达峰、碳中和纳入生态文明建设整体布局,进行一场广泛而深刻的经济社会系统性变革。美丽中国建设不仅福泽中国百姓,更是中国承担大国责任的体现。

(本文摘编自新华社《美丽中国建设谱新篇——我国五年来经济社会发展成就巡礼》,《人民日报》(海外版)刊载的《建设人与自然和谐共生的美丽中国》等报道)

88

中白工业园：
"一带一路"上的产业明星

作为"丝绸之路经济带"上重要的节点国家，白俄罗斯交通便利，拥有发达的空运和公路运输体系，是大多数中欧班列前往欧洲的必经之路。除了优越的地理位置，作为欧亚经济联盟的成员国之一，白俄罗斯是连接欧亚经济联盟和欧盟的重要经济通道。

2010年3月，中国国家副主席习近平访问白俄罗斯，白俄罗斯总统卢卡申科向习近平表达了中国在白俄罗斯境内建设工业园的愿望。次年9月，中白两国就签署了合作协定。中白工业园的产品利用独特的地理位置，可以免税销往俄罗斯、哈萨克斯坦等国家，覆盖人口总数超过1.7亿人。优越的地理优势和巨大的市场规模，让中白工业园能够成为吸引各国企业，带动中白合作水平提高和白俄罗斯自身经济发展的重要力量。中白工业园管委会主任亚罗申科在白俄罗斯首都明斯克强调中白工业园是白俄罗斯经济发展的引擎，也代表了白俄罗斯经济的未来，将尽力让这颗明珠变得更加灿烂。

中白工业园位于白俄罗斯明斯克州斯莫列维奇区，距首都明斯克市25公里，紧邻国际机场，柏林—莫斯科洲际高速公路穿越园区。园区主要产业定位是以机械制造、电子信息、精细化工、生物医药、新材料、仓储物流为主的高新技术产业园区。园区内规划有生产和居住区、办公和商贸娱乐综合体、金融和科研中心。根据规划，园区总体面积为91.5平方公里，土地使用期限99年，其中一期用地面积8.5平方公里。2010年，由白俄罗斯总统卢卡申科提出建立。作为中白两国之间最大的投资合作项目，中方占股60%，白方占股40%。

中白工业园是两国合作的一个旗舰项目，也是中国倡导建设"丝绸之路经济带"合作的标杆项目，更是当今白俄罗斯最具发展潜力的项目之一。2010年，中白两国提出建立一个商业平台促进跨境投资；2014年，中白工业园举行了奠基仪式；一年后，第一批入驻企业获得了注册许可；2015年5月12日，中国国家主席习近平和白俄罗斯总统卢卡申科视察中白工业园，成为园区发展重要的里程碑。当天，两国元首见证了第一批8家企业注册入园，指示要把中白工业园建设成为丝绸之路上的标志性工程,并期待中白工业园尽快见到实效。从此,中白工业园全面启动园区开发,进入了实质性建设发展阶段。经过几年的初期创业,园区已正式迈入高质量发展阶段。

中白工业园坐落在巨石村,因此被命名为巨石工业园。园区第一阶段建设工程占地850公顷,竣工时间比原计划提前了一年。亚罗申科说:"我们投资了大约2.6亿美元,用四年的时间,完成了所有的基础设施建设。我们用规划一座大型城市的思路来规划这里的道路、通讯和所有的一切,为投资者们的入驻创造了先决条件。"工业园的前期准备工作已经成功吸引了来自15个国家的62家企业进驻。亚罗申科说:"我们的入驻企业来自欧盟、美国、俄罗斯、瑞士、以色列、阿联酋等,地域多元化充分佐证了工业园的国际化进程,我们欢迎来自任何国家的投资者。在62家入驻企业中,已有22家在这里建造了工厂,并且开始生产产品、提供服务和进行研发。中白工业园已经广为人知,成为'一带一路'倡议的示范项目。"

中白工业园入园企业中白航天总经理李平表示,在国人眼中,这是一个远在万里之外的园区,但在园区建设者眼里,她是一个新家,一个新的开始,一份新的执着,一个放飞理想的地方,更是个人、企业、家国的交汇点,是责任、情怀、使命的交汇点。园区内北京大道和明斯克大道上一栋栋厂房、大楼夜晚的灯光,诉说着两国建设者、创业者的理想。

中白工业园已被白俄罗斯政府列为首个 5G 试验区和首个无人车试验区,园区中资企业生产的高科技测温防疫智能机器人也被用于明斯克机场等公共场所,为白俄罗斯新冠肺炎疫情防控发挥了作用。作为中白工业园主要股东的国机集团和招商局集团也将继续发挥央企的先锋模范作用,在商务部、国资委等国家部委支持下,与白方股东一道将中白工业园打造成为"丝绸之路经济带"上的明珠项目和中白双方互利合作的典范。

(本文摘编自《经济日报》刊载的《五年创业成效显著 树立互利合作典范 中白工业园迈入高质量发展阶段》等报道)

89

"一带一路"：
从"大写意"到"工笔画"

2013年秋天，习近平在出访哈萨克斯坦和印度尼西亚时先后提出共建"丝绸之路经济带"和"21世纪海上丝绸之路"的重大倡议。历史定格了这个永恒的瞬间。从夯基垒台、立柱架梁，到落地生根、持久发展，共建"一带一路"倡议越来越深入人心，越来越富有魅力，也越来越受到全世界的认可和接纳。一个最具说服力的佐证是，共建"一带一路"倡议及其核心理念已写入联合国、二十国集团、亚太经合组织以及其他区域组织等有关文件中。

2013—2018年，中国与"一带一路"沿线国家货物贸易进出口总额超过6万亿美元，年均增长率高于同期中国对外贸易增速，占中国货物贸易总额的比重达到27.4%。在这些数据背后,最深切感受到变化和享受到实惠的是"一带一路"沿线国家的民众:从"中企来了,我们的油田变了模样",到"自来水入户,我们再也不用喝发黄的井水了"……这由衷的话语,道出了"一带一路"建设的现实成就,也点明了共建"一带一路"具有磅礴力量的原因所在。

2017年5月14日至15日,国家主席习近平在北京出席"一带一路"国际合作高峰论坛并主持领导人圆桌峰会,带着对世界形势和人类命运的观察思考,同与会各方共商"一带一路"建设合作大计,共绘人类命运共同体的美好画卷。两年后的北京,习近平出席第二届"一带一路"国际合作高峰论坛开幕式,并发表题为《齐心开创共建"一带一路"美好未来》的主旨演讲,强调共建"一带一路"为世界各国发展提供了新机遇,也为中国开放发展开辟了新天地。习近平宣布,中国将采取一系列重大改革开放举措,促进更高水平对外开放。我们将更广领域扩大外资市场准入,更大力度加强知识产权保护国际合作,更大规模增加商品和服务进口,更加有效实施国际宏观经济政策协调,更加重视对外开放政策贯彻落实。

习近平指出,要以我国发展为契机,让更多国家搭上我国发展快车,帮助他们实现发展目标。事实正是如此,统计显示,多年来,中国对世界经济增长的平均贡献率超过30%,持续成为世界经济增长最大的贡献者。中国发展起来了，但不会孤芳自赏，更不会关起门来搞建设，而是在发展自身利益的同时，更多考虑和照顾其他国家利益。简言之，"一带一路"倡议来自中国，但成效惠及世界。正如媒体评论指出，如果说亚太经合组织领导人北京会议、二十国集团领导人杭州峰会是中国在已有区域合作平台的主场亮相，那么，由中国举办的"一带一路"国际合作高峰论坛则是真正意义上的"中国品牌"。

"桃李不言，下自成蹊。""一带一路"倡议，不仅唤起了沿线国家的历史记忆，更为中国和沿线国家共同发展带来巨大机遇。正因如此，从首个加入"一带一路"的加勒比国家特立尼达和多巴哥，到首个加入"一带一路"朋友圈的西非国家塞内加尔，再到首个加入"一带一路"朋友圈的G7国家意大利……截至2019年3月底，中国政府已与125个国家和29个国际组织签署173份合作文件。每个特殊的历史节点，总蕴含着深刻的历史意义，"一带一路"的朋友圈越来越大，这是因为"一带一路"倡议顺应了时代要求，顺应了各国加快发展的愿望，也顺应了浩荡的历史发展大势。

特别是面对新冠肺炎疫情的全球大流行，中国与"一带一路"伙伴国家共同致力于把"一带一路"建设成为保障各国人民生命安全的"抗疫之路"。通过打通陆上、海上、空中运输通道，尽可能多、尽可能快地从中国向"一带一路"相关国家运输抗疫物资。2020年全年开行中欧班列超过一万列，将中国与欧洲的 20 多个国家、90 多个城市联通起来，其中运送的紧急医疗物资到 2020 年 11 月底就已超过了 800 万件。此外，中国也通过与相关国家共建"空中丝绸之路"，给世界各国运送援助的医疗物资近 2000 吨，包括大量口罩、防护服、检测试剂盒等。

（本文摘编自新华社《习近平主席出席"一带一路"国际合作高峰论坛纪实》《习近平出席第二届"一带一路"国际合作高峰论坛开幕式并发表主旨演讲》等报道）

90

新时代对台工作的纲领性文献

"不畏浮云遮望眼，只缘身在最高层。"在新时代的历史起点审视两岸关系，如同站在高山之巅看大江东去，历史大势清晰可见、浩浩荡荡。

2019年1月2日，《告台湾同胞书》发表40周年纪念会在北京人民大会堂隆重举行。中共中央总书记、国家主席、中央军委主席习近平出席纪念会并发表重要讲话，代表祖国大陆人民，向广大台湾同胞致以诚挚的问候和衷心的祝福。

"历史不能选择，现在可以把握，未来可以开创！"在《告台湾同胞书》发表40周年纪念会上，习近平以深邃的眼光和宽广的视野，从民族的根本利益、国家的核心利益和人民的整体利益出发，号召我们和衷共济、共同奋斗，共创中华民族伟大复兴美好未来、完成祖国统一大业。在中华人民共和国即将迎来成立70周年的重要时间节点，在中国强起来的新时代，在世界面临百年未有之大变局的大背景下，习近平的重要讲话令人心潮澎湃、豪情满怀。

"台湾是中国一部分、两岸同属一个中国的历史和法理事实，是任何人任何势力都无法改变的！两岸同胞都是中国人，血浓于水、守望相助的天然情感和民族认同，是任何人任何势力都无法改变的！台海形势走向和平稳定、两岸关系向前发展的时代潮流，是任何人任何势力都无法阻挡的！国家强大、民族复兴、两岸统一的历史大势，更是任何人任何势力都无法阻挡的！"习近平全面回顾了中华人民共和国成立70年来两岸关系的发展历程，以高屋建瓴、掷地有声的话语，深刻昭示了两岸关系发展的历史大势，明确指出了大势所趋、大义所在、民心所向，充分反映了全体中华儿女对实现祖国完全统一的决心和底气。

新时代是中华民族大发展大作为的时代，也是两岸同胞大发展大作为的时代。"携手推动民族复兴，实现和平统一目标；探索'两制'台湾方案，丰富和平统一实践；坚持一个中国原则，维护和平统一前景；深化两岸融合发展，夯实和平统一基础；实现同胞心灵契合，增进和平统一认同。"习近平提出的这五个方面重大政策主张，从历史和现实相贯通、理论和实践相结合的高度，深刻昭示了两岸关系发展的历史大势，科学回答了在民族复兴新征程中如何推进祖国和平统一的时代命题，必将获得两岸同胞的广泛拥护和坚定支持。

今天，我们比历史上任何时期都更接近、更有信心和能力实现中华民族伟大复兴的目标。在中华民族走向伟大复兴的进程中，台湾同胞定然不会缺席。台湾前途在于国家统一，台湾同胞福祉系于民族复兴。两岸关系和平发展是维护两岸和平、促进两岸共同发展、造福两岸同胞的正确道路。两岸关系和平发展要两岸同胞共同推动，靠两岸同胞共同维护，由两岸同胞共同分享。"广大台湾同胞都是中华民族一分子，要做堂堂正正的中国人"，两岸同胞携手同心，共圆中国梦，就一定能共担民族复兴的责任，共享民族复兴的荣耀。

祖国必须统一，也必然统一。这是70载两岸关系发展历程的历史定论，也是新时代中华民族伟大复兴的必然要求。顺应历史大势，共担民族大义，我们就一定能早日达成国家统一愿景，让我们的子孙后代在祥和、安宁、繁荣、尊严的共同家园中生活成长。

（本文摘编自新华社《新时代对台工作的纲领性文献》，《人民日报》评论员系列文章《共同推进祖国和平统一进程——三论学习贯彻习近平总书记在〈告台湾同胞书〉发表40周年纪念会重要讲话》等）

91

火神山、雷神山医院见证新时代中国抗疫精神

2020年1月23日,连夜基础施工;1月24日除夕,完成场平;1月25日,正式开工……2月2日,火神山医院交付使用。2020年1月25日16时,项目启动;1月26日,开始场平等工作;1月27日,正式开工……2月6日,雷神山医院开展验收并逐步移交。在抗击新冠肺炎疫情过程中,仅用十天建成的两大医院见证了新时代"中国速度",更见证了新时代"中国实力"。

2020年初,突如其来的新冠肺炎疫情肆虐,没有硝烟的疫情阻击战全面爆发。在疫情暴发初期,不断增加的定点医院床位数量,难以跟上疫情蔓延速度。根据2003年抗击"非典"时的经验,新建集中收治疫情患者的医院,能够迅速扭转病患救治的被动局面。2003年4月,北京建成可容纳1000

张病床的小汤山医院，两个月内收治了全国七分之一的"非典"病人，其间无一名医护人员被感染，创造了人类医学史上的奇迹。借鉴这一经验迅速成为社会共识。2020年1月23日，武汉市政府决定参照北京小汤山医院模式建设一所专门收治新冠肺炎患者的医院——火神山医院。1月25日，武汉市决定在火神山医院之外，半个月之内再建一所"小汤山医院"——武汉雷神山医院，新增床位1300张。按照规划，火神山医院于2月2日建成，这意味着从1月23日进场施工到竣工，仅有10天的建设工期。

"10天建座医院，这怎么可能完成？"这是众多参与火神山医院设计、施工者，接到任务指令时的第一反应。铺设碎石、压实基础、开挖基槽……按正常流程，工期节点按天算。在火神山，一切节点都得以小时，甚至以分钟计算。

更要命的是这时恰逢春节假期，许多农民工返乡过年，短时间内怎么调集这么多建设工人？战疫就是命令，时间就是生命。1月23日进场当晚，负责火神山施工的中建三局迅速调集武汉市正在加班的五个建设项目中的1400多名工人，确保了场地平整等工作迅速展开。与此同时，中建三局还广发"英雄帖"，1月24日一大早一辆辆大巴直奔恩施，沿路到宜昌、荆门、荆州、仙桃等地接回工人。一呼百应、八方来援。截至2月4日，仅雷神山医院建设现场，就有1000余名管理人员、8000余名作业人员日夜奋战，1400余台各类大型机械设备及运输车辆川流不息，3000余套箱式板房、3300套机电安装物资运抵施工。

2月2日，建筑面积3.39万平方米，可容纳1000张床位的火神山医院正式交付使用。经中央军委主席习近平批准，军队抽组1400名医护人员于2月3日起承担武汉火神山新型冠状病毒感染肺炎专科医院医疗救治任务。到3月5日，刚刚建成一多月的火神山医院已累计治愈新冠肺炎确诊患者1009人。火神山速度也牵动着中央领导的心。2020年3月10日，中共中央总书记、国家主席、中央军委主席习近平专门赴湖北省武汉市考察新冠肺炎疫情防控工作。习近平一下飞机就专程前往火神山医院，了解医院建设运行、患者收治、医务人员防护保障、科研攻关等情况，看望正在接受治疗的患者。

中国速度背后，是强大的国家实力，展现着中国特色社会主义制度的巨大优势，展现着改革开放以来中国国力的巨大提升。泰山压顶不弯腰，危机来临有定力。越是在艰难困苦和重大斗争之时，越是能充分理解社会主义能够集中力量办大事的深刻道理。不仅是火神山医院和雷神山医院的建设，短短数日，全国各条战线、各个领域，东西南北中，都紧急动员起来。这样的组织力、动员力，世所罕见，史所罕见！这也是我们能够创造"火神山速度"的最强劲底气之所在。

（本文摘编自新华社《揭秘火神山雷神山医院建设背后的"中国力量"》等报道）

92

RCEP 签署：
全球最大自由贸易区诞生

2020年11月15日，第四次区域全面经济伙伴关系协定（RCEP）领导人会议通过视频方式举行。东盟十国以及中、日、韩、澳、新15个国家正式签署RCEP。"这标志着当前世界上人口最多、经贸规模最大、最具发展潜力的自由贸易区正式启航"，商务部副部长王受文介绍说。

RCEP由东盟于2012年发起，历经8年谈判，特别是新冠肺炎疫情发生以来，RCEP各成员方克服疫情带来的困难，全面完成市场准入谈判，完成协定1.4万多页法律文本审核工作，最终如期签署协定。在贸易保护主义、单边主义和新冠疫情给全球经济带来连续冲击背景下，RCEP的签署，发出了致力于推动自由贸易、多边主义和区域经济一体化不断向前发展的强音。美国彭博新闻社说,包括中国在内的15个亚太国家打造世界最大经济圈,"这是中国过去十年寻求更大程度经济一体化的胜利"。中国国际问题研究院常务副院长阮宗泽用"关键且及时"来形容这份协议的签署。"在疫情肆虐、世界经济严重衰退、国际贸易投资萎缩、保护主义单边主义加剧的特殊背景下,各方能够就 RCEP 达成共识,宣告了多边主义和自由贸易的胜利,将有力提振各方对经济增长的信心。"

协定生效后,区域内 90% 以上的货物贸易将实现零关税,远高于世贸组织各国的开放水平。对于消费者以及依赖域内国家进口原材料、零部件的企业来说,由于取消关税和非关税壁垒,成本大大减少,消费者将能买到物美价廉的域内国家产品,企业进入域内国家的"门槛"将大大降低。

以成衣制作为例,协定签署后,产自新西兰的羊毛可以免税进入中国,在中国织成布料后再免税出口到泰国制成成衣。这个过程中,由于协定的关税优势,成衣生产和运输的成本大大降低,在带动域内各国就业的同时,消费者能买到更优惠的域内国家进口商品,而企业也都能参与到原产地的价值积累。有国际知名智库测算,到 2025 年,RCEP 可望带动成员国出口、对外投资存量、GDP 分别比基线多增长 10.4%、2.6%、1.8%。

国内一些企业已经开始享受到实实在在的优惠。"我们公司从日本进口各种电子元器件，目前部分元器件需缴纳关税，最高税率高达 12%。RCEP 正式实施后，从日本进口的电子元器件关税将逐年下降，直到为零。通信产品竞争力持续提升，有利于占领更多的国际市场"，深圳某通信公司关务总监史女士表示。据海关统计，2017 年 1—7 月，深圳海关为企业进口 RCEP 成员国货物享受税款优惠 35.3 亿元；为企业出口获得 RCEP 成员国关税优惠约 23.3 亿元；进出口优惠总计达 58.6 亿元。

比亚迪主要从日本进口车门冲压模具和内外门板，当前模具进口关税率为 8%。随着 RCEP 的正式签署，这一状况将得到显著改善。"2020 年，我们从日本进口的模具约 1.2 亿余元，仅关税成本就近千万元。国家自贸'朋友圈'扩容新增日本，作为受惠企业非常开心"，比亚迪汽车工业有限公司关务部科长刘锋听到 RCEP 正式签署的消息后难掩心中的喜悦，"按照我司 2020 年自日本进口模具货值来测算，RCEP 生效第一年可减免关税约 61.4 万元，后续关税额度将会逐年减少，直至为零。这样一来，我们汽车产品竞争力将得到有力提升，助力新能源汽车产业发展"。

加快实施自由贸易区战略，是中国新一轮对外开放的重要内容。RCEP 自贸区的建成无疑将为中国在新时期构建开放型经济新体制,形成以国内大循环为主体、国内国际双循环相互促进的新发展格局提供巨大助力。

(本文摘编自新华社《全球最大自贸区诞生,有何深意?——商务部副部长兼国际贸易谈判副代表王受文谈 RCEP 正式签署》等报道)

93

全面实施乡村振兴战略

2021年2月25日16时,北京市朝阳区太阳宫北街1号,"国家乡村振兴局"牌子正式挂出,"国务院扶贫开发领导小组办公室"的牌子此前已经永久摘下。这意味着这个自1986年设立的机构结束历史使命,国家乡村振兴局正式成立。机构更迭背后,是我国"三农"工作重心的历史性转移。

就在国家乡村振兴局挂牌的同一天上午,全国脱贫攻坚总结表彰大会在北京召开。习近平总书记在大会上向全世界宣告,我国脱贫攻坚战取得了全面胜利,现行标准下9899万农村贫困人口全部脱贫,832个贫困县全部摘帽,12.8万个贫困村全部出列,区域性整体贫困得到解决,完成了消除绝对贫困的艰巨任务,创造了又一个彪炳史册的人间奇迹。

脱贫攻坚任务完成后,下一步怎么走?全世界都在看着中国。事实上，善于观察的人早已找到了答案。党的十九大报告提出，农业农村农民问题是关系国计民生的根本性问题，必须始终把解决好"三农"问题作为全党工作的重中之重，实施乡村振兴战略。2018年1月，《中共中央、国务院关于实施乡村振兴战略的意见》正式印发。9月，中共中央、国务院印发《乡村振兴战略规划（2018—2022年）》。2020年年底的中央农村工作会议上，习近平强调，脱贫攻坚取得胜利后，要全面推进乡村振兴。高瞻远瞩的中国共产党人早已经开始一步一步谋划着乡村振兴的蓝图。

上午，全国脱贫攻坚总结表彰大会宣告我国脱贫攻坚战取得了全面胜利。下午，国家乡村振兴局就挂牌亮相，两个机构的"无缝衔接"，也意味着中国人站在了实现这幅蓝图的新起点。

在浙江省安吉县一直流传着"一片叶子成就一个产业富了一方百姓"的故事。2003年4月，时任浙江省委书记的习近平来安吉溪龙乡黄杜村调研白茶基地，在听取了安吉县如何富裕一方百姓的工作举措后充分肯定"一片叶子富了一方百姓"，在品尝了安吉白茶之后，更是赞誉安吉白茶是茶中极品。习近平的肯定和勉励激发了茶农的积极性，到目前为止，黄杜村村民经营茶园48000余亩，产值4个多亿，人均纯收入超过3.6万元，家家户户造起了小别墅，开上了小轿车。

现在的黄杜村民富村强，但考验村领导的是，土地资源有限，白茶种植面积已达到饱和状态，接下来怎么样更好发展？黄杜村的发展思路是不仅要卖茶叶，还要卖风景、卖文化，全力发展第三产业。作为全县最早创建成功的美丽乡村精品示范村之一，站在乡村振兴的风口上，黄杜村又以万亩茶园为基础，引入工商资本，走上"一二三产"融合发展的路子。上海爱家集团宣布将投资60亿元，与安吉溪龙乡政府一起围绕白茶产业，结合现代农业、教育、康养、旅游等四大产业，整体全方位规划，打造溪龙全域乡村田园旅游综合体。"这些项目的引进为今后黄杜的产业发展提供了有力保障，同时带动了民宿发展，加快了'产业+旅游'发展的步伐。"村支部委员徐正斌表示。

人民对美好生活的向往就是我们的奋斗目标。民族要复兴，乡村必振兴。在乡村振兴战略的推动下，无数个黄杜村以产业兴农富农的故事正在上演。从黄海之滨到西子湖畔、从僻壤偏村到物流名城、从圣人故里到牡丹之都，中华大地正展现出农业更有干头、农村更有看头、农民更有奔头的美丽景象，乡村振兴的美好画卷正徐徐展开。

（本文摘编自新华网《国家乡村振兴局正式挂牌》等报道）

94

香港国安法让东方之珠更灿烂

2020年6月30日,香港回归祖国23周年前夕,十三届全国人大常委会第二十次会议全票通过了《中华人民共和国香港特别行政区维护国家安全法》,并将其列入香港基本法附件三。国家主席习近平签署主席令予以公布,自公布之日起施行。香港国安法的颁布实施,迈出了建立健全香港维护国家安全的法律制度和执行机制的关键一步。在法律指引下,相继成立驻港国家安全公署和香港维护国家安全委员会、香港特区政府警务处等维护国家安全的部门,为在香港依法维护国家安全提供了强有力支撑。"这份生日礼物未来一定会不断显示出它弥足珍贵的价值",国务院港澳事务办公室副主任张晓明在新闻发布会上如此描述这部新法的深远意义。

2019年发生"修例风波"后,香港经历了至暗时刻:

"港独""黑暴"等危害国家安全的暴力活动愈演愈烈,外部势力深度干预香港事务,严重损害法治、影响社会稳定,GDP出现十年来首次负增长、失业率急速增高,访港人数骤降导致零售业遭受重创。香港很多家庭收入锐减,都盼着尽快止暴制乱。

香港国安法的实施,彻底挫败了"揽炒派"危害国家安全和损害香港繁荣稳定的图谋,扭转了"港独"猖狂、"黑暴"肆虐的动荡局面。"这一年的社会风波,暴露出香港在维护国家安全上存在巨大风险,使'一国两制'香港实践遭遇前所未有的严峻挑战","香港国安法的到来,不仅从国家层面建立健全香港国家安全法律制度和执行机制,帮助香港堵上了国家安全的漏洞,更给广大香港市民吃了一颗定心丸,让他们能够放心、安心地正常生活工作",全国政协委员、香港新活力青年智库总监杨志红说。

根据紫荆研究院发布的民调,近八成受访者满意香港国安法落实成效。"现在好啦,香港国安法一出台,社会将恢复安定,租客放心了,房东也开心了",香港房屋中介周女士谈起香港国安法难掩喜悦之情,国安法通过后她的生意逐渐有了好转的迹象,陆续有人联系她订房。

香港特区政府统计局在香港国安法落地一年后公布了几组数据或许更能显示出香港国安法"一法定香江"的威力:2021年第一季度香港GDP增长7.9%,2021年第一季度的香港本地居民总收入同比上升9.0%，2021年4月零售业总销货价值同比上升12.1%，2021年4月香港整体出口和进口货值同比分别上升24.4%和25.2%，2021年3月至5月失业率回落至6.0%。一个个亮眼的数据，体现出香港在社会稳定和疫情受控的情况下，经济走出谷底、强劲反弹的良好态势。

人心定，社会稳，家园安。对于香港而言，国安立法是风雨过后的"一道彩虹"。法律的落地，必将为香港市民筑牢繁荣稳定、自由安全的社会秩序与发展根基，激发起社会各界对于"香港再出发"的强大信心。现在的香港，广大市民不再受困于"黑暴恐惧"，最基本的人身安全和自由得到充分保障。市民们可以坐在街边安闲地聊天；商铺可以安宁地开门营业；警察正当执法不再被无端指责谩骂。"恢复正常生活比任何事情都重要"，"国安法是重启香港生命力的关键所在"……这是一位香港警嫂的心声，也是大多数香港市民的愿望。国安法来了，动荡的香港即将远去，繁荣的香港正在归来，安定的"东方之珠"将更加璀璨。

（本文摘编自央视新闻《"一法定香江"维护香港繁荣稳定的"定海神针"正持续发挥作用》等报道）

95

改革开放 40 年，创造人类新奇迹

2018年12月18日上午，北京人民大会堂万人大礼堂华灯璀璨。主席台后幕正中，"1978—2018"字标与中华人民共和国国徽相映生辉，庆祝改革开放40周年大会在这里隆重举行。历史，总是在一些特殊年份给人们以汲取智慧、继续前行的力量。"1978""2018"，这两个普通的数字，对于现代化之路上的中国，象征着重要的时间节点，串联起沧海桑田、翻天覆地的40年。

一个月前，"伟大的变革——庆祝改革开放40周年大型展览"在中国国家博物馆开幕，一张张生动的历史图片、一件件真实的文献实物、一个个精致的沙盘模型，铺展开一幅改革开放的历史画卷。截至2019年3月，"伟大的变革"展览累计参观人数达423万人次，现场留言312万字，网上展

馆点击浏览总量达 4.033 亿次，创造了国家博物馆新的参观纪录。

"今生无悔入华夏，来世再作中国人。祖国昌盛，人民幸福！""看了展览，心情很激动！我 40 岁了，40 年间从婴儿成为一个中年人，也真切感受到我们国家不断繁荣富强。""作为一名'90后'，看到改革开放以来祖国的伟大变化，我为自己是中国人感到自豪。""这是一个伟大的时代。这个时代需要每个人贡献自己的一份力！"……大型展览呈现的改革开放 40 年光辉历程，让来自天南地北、各行各业的人们更加坚定实现中华民族伟大复兴中国梦的信心和决心，他们用热情洋溢的留言，抒发参观展览后的心情，深情祝福伟大祖国。

40 年，在人类历史的长河中只是短暂一瞬，而我国正是在改革开放以来的 40 年间，发生了翻天覆地的巨大变化。我国国内生产总值由 3679 亿元增长到 2017 年的 82.7 万亿元，年均实际增长 9.5%，远高于同期世界经济 2.9% 左右的年均增速。我国国内生产总值占世界生产总值的比重由改革开放之初的 1.8% 上升到 15.2%，多年来对世界经济增长贡献率超过 30%。我国货物进出口总额从 206 亿美元增长到超过 4 万亿美元，累计使用外商直接投资超过 2 万亿美元，对外投资总额达到 1.9 万亿美元。我国主要农产品产量跃居世界前列，建立了全世界最完整的现代工业体系。经过40年发展,我国已成长为世界第二大经济体、制造业第一大国、货物贸易第一大国、商品消费第二大国、外资流入第二大国,外汇储备连续多年位居世界第一。

对于中国这40年发展所取得的成就,国际社会同样给予了高度肯定。菲律宾前总统阿罗约说:如果让我来评价,我想用这个词,就是"惊人的"。国际贸易中心执行主任阿兰查·冈萨雷斯说:中国40年的改革开放成就,可能在人类历史上是独一无二的奇迹。美国著名中国问题专家傅高义说:改革开放这40年,中国有很基本的改变,中国在历史这么好的时期、发展这么快、这么大的改变,我想不仅在中国历史上,可能在世界历史上也绝无仅有。

1978年,党的十一届三中全会召开,中国共产党用改革开放的伟大宣示把中国带入一个崭新的时代。40年来,改革开放,春风化雨,改变了中国,影响并惠及了世界。回望来路,不改初心。从改革发端,到深化改革,再到全面深化改革。历史和现实鲜明地昭示,实现"两个一百年"的奋斗目标和中华民族伟大复兴的中国梦必须进一步深化改革开放。这也是改革开放40年历史给我们最大的启示。"不忘初心,牢记使命,将改革开放进行到底,不断实现人民对美好生活的向往,在新时代创造中华民族新的更大奇迹!创造让世界刮目相看的新的更大奇迹!"这是中共中央

| 100 个改革开放精彩瞬间

总书记、国家主席习近平在庆祝改革开放40周年大会上向全党全国各族人民发出的伟大号召,道出了全体中华儿女共同的心声。

(本文摘编自央视新闻《纪念改革开放40周年,中国发展成就令世界瞩目》等报道)

96

新中国喜迎 70 华诞

  2019 年 10 月 1 日上午，北京天安门广场，庆祝中华人民共和国成立 70 周年大会在这里隆重举行，20 余万军民以盛大的阅兵仪式和群众游行欢庆共和国 70 华诞。中共中央总书记、国家主席、中央军委主席习近平发表重要讲话并检阅受阅部队。

  天安门广场两侧，4K 高清大屏镶嵌在寓意红色基因连接历史、现实和未来的大型景观建筑"红飘带"上，伴随着屏幕上钟摆律动，闪耀起一组组数字：1949、1959……一直跳动到 2019。

  上午 10 时，庆祝大会正式启幕。222 人组成的国旗护卫队，在亿万双眼睛的注目下，沿着古城中轴线，从天安门广场上竖立着的"1949 国庆 2019"中间走过，整齐划一地踏出 168 步正步，寓意着新中国成立 70 周年和中国共产党成立 98 周年。两侧观礼台仿佛形成一条"时光隧道"，从人民英雄纪念碑，到五星红旗升起的地方，浓缩着革命先烈奋斗的历程。

习近平在天安门城楼上发表重要讲话。"没有任何力量能够撼动我们伟大祖国的地位，没有任何力量能够阻挡中国人民和中华民族的前进步伐。""中国的昨天已经写在人类的史册上，中国的今天正在亿万人民手中创造，中国的明天必将更加美好。""伟大的中华人民共和国万岁！伟大的中国共产党万岁！伟大的中国人民万岁！"观礼台上不时传出欢呼声与热烈掌声，人们挥舞着手中的五星红旗，祝福国家，喝彩成就，期待未来。

"现场聆听习近平总书记重要讲话，观看庆祝大会、阅兵活动和群众游行盛况，内心感到无比激动，由衷为伟大的祖国感到自豪。"北京科技大学党委书记武贵龙自豪之情溢于言表。"庆典仪式场面宏大、震撼，充分展示了 70 年来国家国防建设和经济社会发展取得的巨大成就，我为祖国的繁荣和富强感到无比的骄傲。我在改革开放初期考入大学，在教育和科学发展的大潮中成长，我自豪于与时代同行。"受邀参加观礼的中国地质大学（北京）地球科学与资源学院教授颜丹平有着同样的感受。

世界的目光这一天也都聚焦在中国身上。世界各国和国际组织纷纷发来"生日祝福"。"70年来,中国在经济、社会、科技等领域取得举世瞩目的伟大成就。中国在国际舞台上享有当之无愧的崇高威望,在解决重大全球性问题方面发挥着十分重要的作用"。俄罗斯总统普京在贺信中这样表达对新中国70华诞的祝福。"70年来,中国取得了举世瞩目成就,成为世界上最具活力的经济体之一,8.5亿人实现脱贫,这是有史以来最伟大的减贫成就。中国是联合国工作的主要参与方,是国际合作和多边主义的中流砥柱。祝愿中华人民共和国实现更大辉煌",联合国秘书长古特雷斯表示。

来自世界各地各行各业的喜悦和祝福背后是新中国成立70年来翻天覆地的变化。新中国诞生时,我国经济基础可以说极为薄弱。1952年我国国内生产总值仅为679亿元,人均国内生产总值为119元。2018年我国人均国民总收入达到9732美元,高于中等收入国家平均水平。这样的历史奇迹,每一个中国人都没有理由不感到自豪。

当然,庆祝不是为了从成功中寻求慰藉,更不是为了躺在功劳簿上、为回避今天面临的困难和问题寻找借口,而是为了总结历史经验、把握历史规律,增强开拓前进的勇气和力量。"庆祝活动是在第一个百年即将到来之际,全党全军全国各族人民万众一心,朝着全面建成小康社会目标奋进的一次伟力凝聚;是在实现中华民族伟大复兴中国梦的征程上,全体中华儿女对共同理想所作的一次豪迈宣示;是在当今世界正经历百年未有之大变局的形势下,中华人民共和国始终巍然屹立于世界东方,并且愈发蓬勃、愈发健强的一次盛大亮相。"在半个月后的庆祝活动总结会议上,习近平深刻总结了举办新中国成立70周年庆祝活动的深远意义。

(本文摘编自人民网《新中国成立70周年庆祝活动引发热议 26位观礼师生这样说》等报道)

97

中国建成全球最大5G网络

2020年12月26日上午,广州南丰国际会展中心热闹非凡。2020世界5G大会在此拉开帷幕。5G+智慧医疗、5G+智慧交通,一系列的成果在展馆中令人眼花缭乱。在中国联通展台前,一部远程驾驶座舱吸引了众多观众的目光。驾驶员坐在会场内,就可以远程操控位于广州国际生物岛上的汽车,规避行人、避让车辆,颇有几分科幻电影的味道。技术人员介绍,由于5G技术低延时、大带宽、多连接和安全可靠的特性,使得远程驾驶、无人驾驶成为绝佳的落地应用场景。

智慧驾驶、智慧物流、智慧电力、智能油气、智慧农业……中华大地上,5G正在与各行各业深度融合、落地提速。工信部副部长刘烈宏在国务院新闻办举行的国务院政策例行吹风会上介绍说,我国已经初步建成全球规模最大的5G移动网络。数据显示,截至2021年6月底,中国累计建设5G基站达96.1万个,覆盖全国所有地级以上城市,5G手机终端连接数达3.65亿户,占全球80%以上,5G+超高清视频、智慧教育、智慧医院、公共卫生、健康养老等典型应用加快发展,全国5G应用创新案例超过1万个。

普朗铜矿地处云南省迪庆藏族自治州香格里拉市区东北部,矿区海拔为3400—4500米,高寒缺氧的自然环境长期给安全生产带来较大挑战。如今,有了5G+智能装备、智能控制,采矿工人在调度大厅便能操作数公里外的井下采矿智能装备,实现"少人、无人"的安全生产。位于广东省深圳市西部港区的妈湾港,改造前一直是散杂货码头。那时工人每日要在30米高空上的驾驶室连续工作8小时,长时间的低头观察容易导致颈椎不适。现在,在5G技术赋能下,工人们坐在智能远控中心就可以同时控制6台设备,作业效率大幅提升。

中国移动通信集团有限公司总经理董昕在接受媒体采访时表示,以5G为代表的新一代信息技术正与经济社会各领域加速融合。5G已逐步成为社会信息流的主动脉、产业转型升级的加速器、数字社会建设的新基石。2019年1月26日《纽约时报》发表长文,称美国政府已将中美对5G"控制权"的竞争定义为"新的军备竞赛",认为谁控制了5G,谁就能在经济、军事和情报上领先他人。报道援引专家的话说，5G是一场革命，它所产生的影响力将会超过电力给人类社会带来的改变。将对5G"控制权"的竞争定义为"新的军备竞赛"无疑是一种冷战思维的延续，但这也无疑从一个侧面证实了5G自身的威力。

怎么用好5G助推我国经济社会发展，更好满足人民对美好生活的希望？党和政府早就开始布局。2017年，"第五代移动通信技术（5G）"出现在当年的国务院政府工作报告中。"全面实施战略性新兴产业发展规划，加快新材料、人工智能、集成电路、生物制药、第五代移动通信等技术研发和转化，做大做强产业集群"。许多专家至今对于5G被写入政府工作报告印象深刻。"2017年政府工作报告专门提到5G，体现了国家对于发展5G的决心，上升到了国策。"全国人大代表、中国工程院院士邓中翰说。随后，中国5G发展进入快车道。2019年10月31日，工业和信息化部正式向中国电信、中国移动、中国联通、中国广电发放5G牌照，这意味着这些中国运营商可以开始大规模建设5G网络。继韩国、美国、瑞士后，中国跻身全球第一批5G商用国家。

2021年国务院政府工作报告明确提出，要加大5G网络和千兆光网建设力度，丰富应用场景。根据工信部、中央网信办、国家发改委等十部门印发《5G应用"扬帆"行动计划（2021—2023年）》，到2023年，每万人拥有5G基站数超过 18 个，5G 个人用户普及率超过 40%，用户数超过 5.6 亿。可以预料的是，随着 5G 网络基础设施的规模化建设以及 5G 产业生态的进一步构建，中国的 5G 产业将迎来爆发式增长，人们各种对美好生活的向往也将因为 5G 而加速实现。

（本文摘编自《人民日报》刊载的《中国累计建设 5G 基站达 96.1 万个 推动 5G 应用正当其时》等报道）

98

"十四五"规划擘画第二个百年奋斗蓝图

用五年规划引领经济社会发展，是中国特有的战略模式。如果把经济社会发展比作一次远航，那么"一个五年接着一个五年"的计划规划就是指引方向的航标。从"一五"计划到"十三五"规划，中国已连续编制实施了13个五年规划计划，引领社会朝着更高质量、更有效率、更加公平、更可持续的方向迈进。

2020年10月29日，北京京西宾馆，如潮的掌声中，中国共产党第十九届中央委员会第五次全体会议审议通过《中共中央关于制定国民经济和社会发展第十四个五年规划和二〇三五年远景目标的建议》。我国迎来第十四个"五年规划"。这份在习近平亲自领导下、汇聚全党全国智慧编制而成的行动纲领和政治宣言，擘画了中国面向未来的宏伟蓝图——在胜利实现第一个百年奋斗目标之后，以习近平同志为核心的党中央将带领14亿中国人民开启全面建设社会主义现代化国家新征程，向着第二个百年奋斗目标继续奋勇前行！

这是一份凝聚了全党全国各族人民心血的规划，也是体现全党全国各族人民心声的规划。"五年规划编制涉及经济和社会发展方方面面，同人民群众生产生活息息相关，要开门问策、集思广益，把加强顶层设计和坚持问计于民统一起来，鼓励广大人民群众和社会各界以各种方式为'十四五'规划建言献策，切实把社会期盼、群众智慧、专家意见、基层经验充分吸收到'十四五'规划编制中来，齐心协力把'十四五'规划编制好"，习近平在规划编制过程中着重指出。

2020年9月17日上午，湖南长沙。在基层教育一线工作了近30年的常宁市塔山瑶族乡中心小学副校长盘玖仁没有想到，能有机会当面向习近平汇报工作、提出"十四五"规划建议。当天，正在湖南考察的习近平主持召开基层代表座谈会。村支书、乡村教师、扶贫干部、农民工、种粮大户、货车司机、快递小哥、餐馆店主、法律工作者……两个多小时的座谈会上，习近平同每一位发言代表都进行了交流。

2020年8月16日一大早，人民日报、新华社、中央广播电视总台所属官网、新闻客户端及"学习强国"学习平台同步推出了新专栏——建言"十四五"。通过互联网就"十四五"规划编制向全社会征求意见和建议,这在我国五年计划和规划编制史上是第一次。亿万网友的议政热情被充分点燃。短短两周时间里,累计收到超过101.8万条建言,为文件起草工作提供了有益参考。

"从习近平总书记亲自主持召开多场座谈会到启动网络意见征求活动,从党内一定范围征求意见到听取党外人士意见建议,这次五年规划建议征求意见范围之广、参与人数之多、形式之多样堪称前所未有",一位曾多次参与中央重要文件起草工作的起草组成员说。

研读全会规划建议,扑面而来的是浓郁的人民情怀,贯穿始终的是以人民为中心的发展思想。文件起草期间,正值新冠肺炎疫情肆虐之际。习近平指出,"这次应对新冠肺炎疫情,暴露出我国在重大疫情防控体制机制、公共卫生体系等方面存在的一些短板"。广大人民群众也对补齐发展短板有高度期待。民有所呼,党有所应。规划建议中有关公共卫生体系建设的论述篇幅,占到"全面推进健康中国建设"内容的一半以上。"起草本次全会文件的时候,我们始终秉持这样一条原则——是否能够真正增进人民福祉",一名起草组成员介绍。

历史的车轮滚滚向前。从1953年至今,14个五年规划(计划)勾勒着中国从一穷二白到繁荣富强的伟大飞跃,也贯穿着一个百年大党一以贯之的主题:把我国建设成为社会主义现代化国家!迈入新发展阶段、贯彻新发展理念、构建新发展格局,十四五规划建议将指引中国实现高质量发展。

(本文摘编自新华社《历史交汇点上的宏伟蓝图——〈中共中央关于制定国民经济和社会发展第十四个五年规划和二〇三五年远景目标的建议〉诞生记》等报道)

99

全面建成小康社会

"经过全党全国各族人民持续奋斗，我们实现了第一个百年奋斗目标，在中华大地上全面建成了小康社会，历史性地解决绝对贫困问题"，2021年7月，习近平在天安门广场举行的庆祝中国共产党成立100周年大会上的庄严宣告。"小康"，这个承载美好生活梦想的古老词汇，数千年来第一次成为这片土地全体人民的真实日子。历史的丰碑将永远记录下这个光耀千秋的光荣时刻——中国共产党百年华诞之时，中国全面建成小康社会！

让老百姓过上小康生活，是中华民族孜孜以求的"千年梦想"，也是中国共产党人一以贯之的目标。中华人民共和国成立后，党带领人民努力奋斗，在20世纪末实现了人民生活总体上达到小康水平，并进入全面建设小康社会阶段。党的十八大以来，以习近平同志为核心的党中央提出了全面建成小康社会新的目标要求，把脱贫攻坚作为全面建成小康社会的底线任务，组织开展了声势浩大的脱贫攻坚人民战争。25.5万个驻村工作队、300多万名第一书记和驻村干部、近200万名乡镇干部和数百万村干部尽锐出战，1800多名党员、干部献出生命。

从2013年到2020年，中央、省、市县财政专项扶贫资金累计投入近1.6万亿元，其中中央财政累计投入6601亿元。近1亿人脱贫，平均每年1000多万人脱贫，相当于一个中等国家的人口脱贫。虽遭遇新冠肺炎疫情影响，依然如期完成新时代脱贫攻坚目标任务，提前10年实现《联合国2030年可持续发展议程》的减贫目标。

现行标准下9899万农村贫困人口全部脱贫，832个贫困县全部摘帽，12.8万个贫困村全部出列，区域性整体贫困得到解决，完成了消除绝对贫困的艰巨任务……从脱贫攻坚战取得全面胜利，到全面建成小康社会，千年之盼，今朝梦圆。把时间轴拉得再长一些，改革开放以来，按照现行贫困标准计算，我国7.7亿农村贫困人口摆脱贫困；按照世界银行国际贫困标准，我国减贫人口占同期全球减贫人口70%以上。纵览古今、环顾全球，没有哪一个国家能在这么短的时间内实现几亿人脱贫。

中国历史性消除绝对贫困，全面建成小康社会对全球亦有重要意义。根据国际货币基金组织统计，2019年共有69个国家和地区人均国内生产总值超过1万美元，包括中国14亿多人口，总数约为28亿人。中国全面建成小康社会，使得世界上人均国内生产总值超过1万美元的人口数量翻了将近一番。"历史性消除绝对贫困，提前10年实现《联合国2030年可持续发展议程》减贫目标，是中国共产党带领中国人民取得的最令人瞩目的成就之一。"泰国民主党秘书长、农业与合作社部部长查棱猜说，泰国政府各部门正在认真研究和学习中国的脱贫经验，并与泰国的扶贫工作相结合。"贫困在世界上许多国家都是突出问题。中国在短短数十年里使数亿人脱贫，其成功经验正在被许多国家和地方研究和学习"，俄罗斯莫斯科国际关系学院教授谢尔盖·卢贾宁说。

1979年12月，邓小平针对我国尚处于并将长期处于社会主义初级阶段这一基本国情，创造性地用"小康社会"这一概念擘画新时期中国社会的发展蓝图，让"小康"这个出自《礼记》的古老概念焕发新生。40余年后，中国历史性地解决了绝对贫困问题，在中华大地上全面建成小康社会，但我们绝不会就此止步，而是意气风发，向着全面建成社会主义现代化强国的第二个百年奋斗目标迈进。这也是中国共产党人对人民的承诺，对世界的承诺。

100

中国共产党成立 100 周年

2021年7月1日，注定是一个载入中国共产党历史和中华民族历史史册的一天。天安门广场上，人民英雄纪念碑巍峨矗立，中国共产党党徽和"1921""2021"字标格外醒目。从空中俯瞰，天安门广场被装点成一艘乘风破浪、扬帆奋进的巍巍巨轮，铭刻波澜壮阔的百年征程。这天上午，庆祝中国共产党成立100周年大会在天安门广场隆重举行。

上午8时，万众瞩目的庆祝大会正式开始。响彻云天的100响礼炮，带领人们深情回望：从石库门到天安门，从兴业路到复兴路，从小小红船到巍巍巨轮，从50多名党员到9514.8万名党员的世界第一大党。环顾世界，没有哪一个政党像中国共产党一样，在一次又一次的生死考验中淬炼成钢，在一次又一次的艰难困苦中传承信仰，在一次又一次的毅然奋起中续写奇迹。

"斧头劈开新世界，镰刀割断旧乾坤。"1921年的7月，在嘉兴南湖的红船上，中国共产党诞生了，中国革命的面貌从此焕然一新。中华民族的命运从此翻开了新的历史篇章。"中国共产党一经诞生，就把为中国人民谋幸福、为中华民族谋复兴确立为自己的初心使命。一百年来，中国共产党团结带领中国人民进行的一切奋斗、一切牺牲、一切创造，归结起来就是一个主题：实现中华民族伟大复兴。""全体中国共产党员！党中央号召你们，牢记初心使命，坚定理想信念，践行党的宗旨，永远保持同人民群众的血肉联系，始终同人民想在一起、干在一起，风雨同舟、同甘共苦，继续为实现人民对美好生活的向往不懈努力，努力为党和人民争取更大光荣！"习近平深邃有力的话语，在天安门广场上空激荡。

置身历史现场，听闻号令，安徽小岗村党委第一书记李锦柱心潮澎湃。从当年大包干的"红手印"到土地确权颁证的"红本子"，再到如今农村集体产权制度"分红利"，小小村庄里的改革惊雷，折射着一个政党永不停滞的革新基因。"我们要画好乡村振兴这张更美的图卷，基层党组织要起到更加坚强的战斗堡垒作用，推动小岗一二三产业融合发展，让小岗人民的日子越过越红火！"谈及下一步打算，李锦柱说。"我以自己是一名中国共产党党员而深感骄傲，我以我党百年风华缔造的宏图伟业而倍感自豪"，全国优秀共产党

| 100个改革开放精彩瞬间

员、全国公安系统一级英雄模范许奎聆听完习近平的讲话后说。

100年来,中国共产党为中华民族和中国人民作出了哪些贡献?党始终保持青春活力的原因是什么?整个国际社会也都在关注着这个迎来百年华诞的世界第一大党的成功密码。在中国共产党的带领下,中国翻天覆地的变化更让整个国际社会惊叹。日本立宪民主党众议员、原民主党党首小泽一郎表示,中国共产党自成立以来,克服重重困难,领导新中国成长为具有巨大政治经济影响力的国家,拥有了不可动摇的国际地位,谱写了辉煌的历史篇章。国际社会高度关注中国发展,在各个领域都对中国抱有前所未有的巨大期待。伊朗伊斯兰发展基金会主席、前副总统加福里法尔德表示,从1921年建党投身民族独立和人民解放事业,到1949年成立中华人民共和国,再到领导国家发展和现代化建设,中国共产党走过了百年光辉历程,为亚洲和世界各国树立了榜样。

胸怀千秋伟业,恰是百年风华。中国共产党走过百年奋斗路,依旧初心不改。下一个百年,中国共产党将更加辉煌。

(本文摘编自新华社《历史交汇点上的庄严宣告——庆祝中国共产党成立100周年大会侧记》等报道)

后　　记

《改革开放简史》是经党中央批准，由中共中央宣传部组织中国社会科学院专家编写的。写作过程历时近一年，期间不少青年学者也参与了资料查阅、书稿整理、书稿校对以及其他杂务工作。在这一过程中，深感改革开放是近些年中国发展史上一项伟大的壮举。为使广大青少年更好地理解改革开放的伟大过程，在编写组的倡议下，以"80后"为编写班底，将《改革开放简史》中一些富有画面感的历史瞬间集结成册，使广大青少年能够在生动形象的历史瞬间中感受今天幸福生活的来之不易。

为确保历史的真实性、准确性，书稿的资料主要摘自《人民日报》、新华社、《光明日报》、《经济日报》、中新社、《中国青年报》等媒体报道，《邓小平文选》《习近平谈治国理政》等相关文选，以及《百炼成钢：中国共产党的100

年》等纪录片。

在此特别鸣谢本书的主要编写者。中国社会科学院办公厅侯波研究员承担1—10、36—43、54、55、81—90内容的编写；中国社会科学院办公厅孟书强副编审承担11—20、44—53、91—100内容的编写；中国社会科学院国家高端智库秘书处王琪承担21—30、56—65内容的编写；中国社会科学院国家高端智库秘书处倪峥承担71—80内容的编写；中国社会科学院国家高端智库秘书处张子婷承担31—35、66—70内容的编写。

受100这一数字限制，本书未能将改革开放历史中所有具有重大意义的瞬间一一收录其中，在此，对那些创造历史瞬间的人们表示深深的歉意。同时编写组将根据实际情况，做好第二个"100个改革开放历史瞬间"的编写工作，力图展现所有改革开放进程中的动人故事。

书中有不当之处，敬请各位读者不吝赐教并提出宝贵意见。

赵江林

2021年9月27日